시인 이선미

유토피아를 꿈꾸며

이선미 에세이집

시와사람

유토피아를 꿈꾸며

■ 책을 펴내며

네 번째 에세이집이다.
집에 스스로를 유폐하는 시간 동안
이것을 감옥이라고 생각하지 않았다.
때로는 진정한 나의 모습이 어떤 것인지
나를 다시 찾는 세월이기도 하여,
생각이 많아져 글을 썼다.
이 글들이 세상에 나가 무엇이 될지 모르지만,
세상에 씨 뿌리는 마음으로 쓴 글들이어서
나의 마음이 실린 것들이다.
많이 부족하지만 나를 다시 세상에
내밀기 위한 의식으로 생각하면 좋겠다.

2021년 신록의 계절 초입에
저자 이선미

차 례

■ 책을 펴내며 • 9

1 행복한 사람들

맑은 마음, 깨끗한 세상 • 18

얼굴만 봐도 기분이 좋아지는 사람 • 21

나는 남자친구가 많다 • 25

택시비를 두 번 내다 • 30

억울한 죽음 • 33

행복한 사람들 • 37

인간은 사회적 동물이다 • 40

가족 • 44

작은 아버지와 사진작가 김용갑 • 50

생명의 등가 • 54

2 살기좋은 환경을 위하여

옥매산 광부들의 비극 • 62

전국유일 문학관이 없는 도시 • 67

문명의 그늘과 인간의 삶을 생각한다 • 71

보름달과 여성 • 78

보리수시낭송회와 구상 시인 • 82

살기 좋은 환경을 위하여 • 86

나무들을 베어버리고 꽃을 심는다 • 90

책 읽는 사람이 아름답다 • 96

유토피아를 꿈꾸며 • 100

3 작지만 가치있고 소중한 것

생명을 위협하는 쓰레기 대란 • 106

미세플라스틱 • 110

인간과 동물이 함께 사는 법 • 114

플라스틱 시대를 살아가기 • 120

생명력이 넘치는 봄날의 환희 • 124

양날의 칼, 불을 잘 이용하자 • 128

진정한 내 편 • 132

'코로나19'와 사회적 상상력 • 138

무자비한 일제의 강제징용 • 142

작지만 가치있고 소중한 것 • 146

4 꽃은 마스크를 쓰지 않는다

장애를 아름다운 축복으로 만든 사람들 • 154

부모와 자식 • 159

문예지의 순기능과 공적 역할 • 164

꽃은 마스크를 쓰지 않는다 • 170

자연을 그리워하며, 자연을 아끼며 • 174

광주문학의 문학관을 꿈꾸며 • 179

자랑스러운 이름 • 184

'살아있는 시' • 188

제1부

행복한 사람들

맑은 마음, 깨끗한 세상

우리 동네는 대중목욕탕의 손님 중 중국 관광객들이 절반을 넘는다. 이곳에서 문화의 차이를 느낄 수가 있다. 우리나라 사람들은 대부분 목욕탕에 들어가면 가볍게 샤워를 하며 머리를 감고 탕이나 사우나 안에 들어간다. 그런데 중국인들은 목욕탕 안에 들어오자마자 탕 속으로 들어가 버린다. 그리고 뜨거운 물에서 불린 뒤 손으로 때를 벗겨낸다. 그러면 탕 안의 물 위에 때가 둥둥 떠다닌다. 아무리 문화의 차이라고 하지만 여러 사람이 사용하는 탕 안에서 때를 벗기는 일은 상식적으로도 이해가 가지 않는다. 이럴 때면 평상시에도 억센 제주 토박이 아주머니들이 그 광경을 보고 가만히 있지 않는다. 버럭버럭 소리를 지르거나 중국 사람들을 밀쳐버린다. 그래도 우리나라에 관광 온 사람들인데 좀 심하다는 생각이 들어 민망하다. 억센 제주아주머니들도 말이 안 통하는 외국에 여행했다가 이러한 봉변을 당하면 어떤 기분이겠는가를 생각했으면 한다. 말로만 달라져야한다고 말하지 말고 가장 가까운 곳에서 가장 쉬운 것부터 실천하여 우리도 달라져야 한다. 이럴 경우 언어가 통하지는 않지만 만국의 공통어인 손짓발짓으로라도 제스처를 치면 다 알아들을 수 있기 마련이다.

본디 옛날부터 중국 사람들은 잘 씻지 않는다는 편견을 가진 것은 사실이다. 지금은 얼마만큼 살게 되었지만 불과 20여 년 전까지만 해도 중국 사람들은 훤히 트인 화장실에서 쭈그려 앉아 볼일을 보곤 했다. 처음 이러한 모습에 당황하고 민망했던 기억이 새롭다. 우리나라에 와 있는 화교들도 언제나 더러운 옷을 입고 중국집 식당에서 음식을 만들곤 했다. 나는 이들을 통해 중국 사람들을 폄하시키려고 하는 것이 아니다. 우리나라에 온 관광객으로 이해하자는 것이다.

많은 사람들이 이용하는 탕 속에 샤워도 하지 않은 채 들어가 몸을 불리고 때를 벗겨 때가 물 위에 둥둥 떠다니는 모습을 보고 어느 누가 즐겁겠는가. 관광객들도 '로마에 가면 로마 사람이 되라'는 말처럼 한국 문화를 사전에 알아보고 적응할 줄 알아야 한다.

살펴보면 목욕탕에서 벌어지는 일 중 꼴불견은 우리나라 사람들도 많다. 목욕탕이 무슨 계모임 장소도 아닌데 모여서 떠드는 모습이 왠지 불편하게 한다. 특히 목소리가 큰 사람은 큰 소리로 떠들어 신경을 곤두서게 한다.

어린 시절 고향마을에는 공동우물이 하나씩 있었다. 그 때는 우물터가 마을 소통의 장소여서 양식을 씻거나 빨래를 하며 마을에서 일어난 일들을 떠들었다. 그러다보면 무슨 일이라도 있으면 금세 온 마을에 소문이 났다. 그런데 마을 공동우물에서 배추나 먹거리를 씻고 그냥 집으로 가버리는 사람도 있었다. 어디를 가나 꼭 고약한 사람은 있기 마련이어서 다음날 우물터에 오는 사람이 보면 우물터가 배추나 무 잎이 널브러져 있어 청소를 한다. 그래야 여러 사람이 쓰는 우물터가 깨끗해져 이용하는 사람들의 기분이 상쾌해진다.

언젠가 텔레비전에서 쓰레기 줍는 할아버지를 본 적이 있다. 그 할아버지는 아침 일찍 일어나 자신의 집 주변은 물론 마을 골목골목을 깨끗이 청소를 하고 도시의 길거리를 돌아다니며 땅에 버려진 쓰레기며 담배꽁초를 줍곤 했다. 누가 시켜서 한 일도 아니고 그렇게 쓰레기들 줍는다고 해서 누가 돈을 주는 것도 아니지만 솔선수범해서 자신이 살고 있는 마을을 깨끗이 청소하는 것이다.

이 할아버지처럼은 못하더라도 내 집 주변은 스스로가 깨끗하게 할 필요가 있다. 그랬을 때 세상은 더욱 깨끗해지고 아름다워질 것이다. 주변이 깨끗하면 마음조차 깨끗해지기 때문이다.

얼굴만 봐도 기분이 좋아지는 사람

어떤 곳에 가면 마음이 편해진다. 그런데 어떤 곳에 가면 괜히 음산하고 기분이 나빠지는 경우가 있다. 그래서 옛날부터 풍수를 보는 사람들이 땅의 기운이 세어서 그곳을 피해 집을 지으라고 했다. 사람도 마찬가지이다. 사람마다 생김새가 다르고 마음이 다르다. 어떤 사람은 왠지 모르게 친근감이 가고 어떤 사람은 괜히 싫은 사람이 있다. 그래서 인상이 좋은 사람에게 마음이 가기 마련이어서 그 사람과 가까이 한다.

내게도 만나면 기분이 좋아져서 마음이 행복해지는 사람이 있다. 내가 다니는 미용실엔 미용실 원장님과 함께 원장님의 어머니가 계신다. 그분은 나이에 비해 엄청 젊어 보여 딸과 함께 있으면 자매인줄 안다. 물론 자신을 잘 가꾸고 멋을 잘 부리는 이유도 한 몫 작용한다.

그 분은 내가 미용실에 가면 나에게 뭐라도 먹이려고 분주하게 움직인다. 값비싼 낙지는 물론 내 입맛에 맞는 청국장을 한 끼라도 먹이려고 온갖 정성을 다해 상을 차려준다. 어지간해서는 남이 해준 음식을 비위가 약해 잘 먹지 못하는데 이 분의 마음속에 내가 심어졌는지 그 분이 내미는 수저를 주는 대로 받아들인다. 나에게 따뜻한 마음을 베풀어주신 은혜에 보답할 수는 없겠지만 그저 감사하고 고마울 따름이다.

그분을 통해 나는 인간관계에 대해 많은 생각을 해보았다. 한 번 뿐인 인생은 돌이킬 수 없는 것이어서 누군가에게 따스한 마음을 전해주는 사람이 되어야겠다고 생각했다. 그래서 누군가에게 마음이 훈훈한 사람으로 여기기를 희망한다. 명절 때 뿐만 아니라 평상시에도 비록 작은 것이지만 작은 선물을 자주 하는 편이다. 물질적인 것도 중요하지만 어려운 처지에 있는 사람들에게 위로와 격려의 마음을 보낸다. 그런 까닭에 내 주변에는 늘 사람들이 많다.

나는 반려동물을 키우지 않지만 길거리에 돌아다니는 길고양이를 보면 마음이 짠하다. 인류의 역사 속에서 수많은 짐승들이 순치되어 가축이 되어 사람과 함께 산다. 그 중에서도 개와 고양이는 유일하게 인간과 함께 마음을 교감하며 산다. 내가 아는 지인은 고양이를 다섯 마리나 키운다. 그것들에게 사료를 먹여야하고 아프면 사람처럼 병원에 가야 한다. 그 뿐만 아니라 목욕을 시켜야하고 대소변을 다 치운다. 아마 반려동물에게 하듯이 지극정성으로 부모님께 한다면 모두가 효자효녀가 될 것이다. 나는 그런 사람들을 보면 대단하다는 생각이 든다. 이러한 인간의 따스한 마음이 반려동물들은 배반하지 않고 주인을 따른다. 그래서 가족처럼 지낸다.

이런 모습을 바라볼 때면 내 마음이 행복해진다. 이렇듯 따스한 마음을 지닌 사람들이 많을수록 우리 사회는 더욱 훈훈해지고 인정이 넘치는 세상이 될 것이다. 뿐만 아니라 반려동물들에게 잘해주는 모습을 보고 자란 아이들은 정신적으로 건강한 사람으로 성장하여 사람들에게 인정을 베푸는 어른으로 성장할 것이다.

그런데 요즘 반인륜적인 사람들이 많아졌다. 그것은 부모의 사랑을 제대로 받지 못했기 때문이다. 사람을 죽이는 일을 눈 하나 깜짝하지 않고 살인을 저지르는 사람, 부모를 살해하는 사람, 심지어는 자신이 낳은 아이를 아파트 창문 밖으로 던져버리는 천인공노할 사람들로 인해 우리는 너무나 가슴이 아프다. 내가 어린 시절에는 집집마다 많은 형제들이 있었다. 그러나 갈수록 아이를 적게 낳는 시대가 되어 아이들은 자신만이 최고라는 인식이 팽배해 있어 남을 배려할 줄 모른다.

그러다보니 그들이 성인이 된 오늘날 우리 사회는 더욱

각박해지고 온갖 사건사고들이 많이 일어나고 있다. 미장원 원장의 어머니처럼 사람들을 기분 좋게 하여 만나기만 해도 행복한 사람들이 더욱 많은 살기 좋은 세상이 되기를 소망한다.

나는 남자친구가 많다

텔레비전 드라마에서 여자와 식사하거나 차를 마실 때 아내에게서 어디에 있느냐라고 묻는 전화에 아직 회사에 있다든가 아니면 친구들과 함께 있다고 대답하는 경우를 자주 본다. 드라마뿐만 아니라 우리의 삶 속에서도 흔한 장면이다. 실제로는 불륜 관계가 아닌데도 거짓말을 하는 것은 섣불리 여자와 함께 식사를 하고 있다고 말하면 오해할까봐 둘러대는 것은 '여자와 남자는 친구가 될 수 없다'는 선입견이 작용한 탓이다.

나 같으면 당당하게 누구랑 같이 있다고 말하겠다. 남자와 여자는 정녕 친구가 될 수 없는 것일까. 조선시대의 유명한 학자인 서경덕은 제자이기도 한 황진이와 한 이불을 덮고 잤지만 아무런 일이 없었다고 한다. 제자이기도 하지만 훌륭한 친구인 황진이와 진정한 친구가 되는데는 남자와 여자라는 개념에 개의치 않고 훌륭한 친구였던 것이다.

서경덕과 황진이는 그 시대를 지배하고 있던 '남녀칠세 부동석'이라는 유교적 관념을 뛰어넘은 특별한 사람들인지도 모른다. 그러나 오늘날에도 많은 예술가들 중에는 남자와 여자를 가리지 않고 동지적 관계를 유지하며 친구관계로 살아가는 사람들이 많다. 이들 또한 특별한 사람들일까. 단지 남자와 여자일 뿐 그 이상도 그 이하도 아닌 관계를 유지하는 것이 어려운 일일까. 이러한 생각을 지닌 내가 특별한 사람일까.

언젠가 이성이지만 좋은 친구로 살아가는 남자에게 그의 아내가 전화를 했다. 그러자 그 친구는 나에게 아내의 전화라고 말하며 전화를 받았다. 앞의 상황과 같은 것이지만 떳떳하게 나와 함께 식사하고 있다고 말하지 못하는 그 친구를 이해하지 못했다. 아무개하고 있으니 함께 식사하게 오라고 말할 수 있는 용기가 없었을까.

나는 남자들과 친구로 지내는 일은 동성인 여자와 친구인 것처럼 자연스럽다. 그래서 남자와 여자가 친구로 지내는 일은 특별한 일이 아니라고 생각한다. 그러나 그 친구뿐만 아니라 대부분의 사람들이 남자와 여자는 친구가 될 수 없다고 생각하는 모양이다. 서양사람들은 남자와 여자가 친구로 지내는 것이 다반사이다. 우리나라는 앞에서 밝힌 것처럼 유교적 관념 때문에 친구가 될 수 없다고 생각하는 사람들이 많은 것 같다.

그러나 이제는 나이와 남녀 상관없이 친구로 지낼 수 있었으면 한다. 어떤 문학동인에 가서 보면 남자들은 남자들끼리 앉아있고 여자들은 여자들끼리 함께 있다. 내 눈에는 그런 모습을 이해하지 못한다. 그저 같은 사람이라는 인식으로 남성친구 또는 여성친구로 지내는 일이 보다 인간답게 폭 넓은 삶이 될 수 있을 것 같다.

내가 결혼하면 당당하게 남편에게 남성친구를 소개하고 같이 식사도 하고 차도 마시며 진정한 친구가 될 수 있을 것 같다. 그리고 요즘 페미니즘이니 젠더이니 하는 사람들도 줄어들 것이며 성추행이니 성폭행이니 하면서 시끄러운 일도 줄어들 것이라는 생각은 나만의 생각일까.

택시비를 두 번 내다

우리 집은 주택가여서 택시를 타려면 큰길가로 가야한다. 그래서 콜택시를 불렀다. 5분 후면 도착한다는 메시지가 떠 집 앞으로 나갔다. 내가 부른 택시가 도착하여 차에 올랐다. 택시를 타고 1분쯤이 지났는데 모르는 전화가 왔다. 알고 보니 내가 부른 콜택시였다. 콜택시를 타려고 집 앞에 마침 택시가 있어 내가 부른 콜택시인 줄 알고 타버려 콜택시 기사님이 도착하여 손님이 없으니 전화를 한 것이었다. 보다 세심하게 확인했어야 했는데 엉뚱한 택시에 타버린 나의 잘못이었다. 나는 몹시 미안하여 택시비를 입금시켜주겠다고 하고 통장번호를 가르쳐 달라고 했다. 그리고 미안한 마음으로 돈을 입금시켰다.

이러한 과정을 모두 바라본 여성기사가 "아니, 세상에 손님 같은 분이 어디에 있습니까. 이러한 경우 그냥 돈을 안

받는데, 그리고 돈을 받으면 고맙다는 말 한마디라도 해야 하는데, 그 기사님 정말 나쁘네. 손님 같은 분을 보니 내가 고맙고 한편으로는 미안하네요. 그리고 손님 같은 분이 계시니 우리 같은 사람들이 아직은 살만한 세상이 아닐 수 없습니다." 라고 말한다.

택시에서 내려 생각해보니 마음이 흡족하여 슬며시 미소를 지었다. 택시비를 이중으로 냈지만 하루 종일 기분이 좋았다. 그러면서 '모든 게 나부터 바뀌고, 나부터 시작하면 세상은 삭막하지 않겠지' 하는 생각이 들었다.

학교 다닐 때 하루에 한 번씩 좋은 일을 하면 기분이 좋아진다며 선생님이 '일일일선'을 권했다. 그래서 버스에서 어른에게 자리양보해주기, 길을 묻는 사람에게 길을 안내해주기, 집에서는 어른들 심부름 해주기 등 하루에 한 가지씩 좋은 일을 하려고 했다. 그런데 어느 때부턴가 나의 이익을 위해서, 모든 일은 내가 먼저라는 생각을 하게 되었다.

우리는 연말이 되면 늘 기쁘고 즐거운 뉴스를 듣는다. 가난한 사람을 위해 쓰라고 경찰서 화단에 몰래 돈을 놓고 가는 사람의 이야기이다. 나중에 알고 보니 그 사람은 부자도 아니었으며 가난한 사람이었다. 그런데 일 년 동안 열심히 일해 모은 돈을 어려운 사람에게 쓰라고 몇 년째 계속 경찰서에 맡기곤 하였다. 그런데 몹쓸 사람들이 해마다 좋은 일을 하는 사람이 경찰서 화단에다 돈을 놓고 간다는 사실을 알고 연말이 다가오자 경찰서 부근에서 돈을 놓고 갈 사람을 기다렸다. 그리고 돈을 놓고 가자 그것을 훔쳐갔다가 잡혔다는 뉴스를 들었다. 같은 하늘 아래에 살면서 열심히 일해 돈을 모아 소외계층에게 기부하는 사람이 있고, 돈을 몰래 가로채는 사람이 있단 말인가. 기분이 좋지만 한편으로는 씁쓸한 일이 아닐 수 없다.

연말이 되면 해마다 구세군 냄비가 등장한다. 구세군이 울리는 종소리를 들으며 사람들은 구세군 냄비에 돈을 넣고 간다. 그리고 방송에서는 불우이웃을 위해 쓰라고 작지만 가치 있는 돈을 기부했다고 방송한다. 세밑의 추운 날씨를 훈훈하게 해주는 소식들이다.

길을 가다보면 두 다리를 잃은 장애인이 길바닥에 엎드려 있다. 사람들 중에는 불쌍하다며 장애인의 냄비에 돈을 놓고 길을 간다. 나도 그런 사람을 보면 작은 돈이지만 냄비에 돈을 놓고 간다. 그런 날은 하루 종일 기분이 좋다. 장애인도 우리와 같은 사람으로 이 세상을 잘 살 수 있는 권리가 있다. 몸이 불편할 뿐 그들의 마음까지 장애가 있는 것은 아니기 때문이다.

억울한 죽음

사람뿐만 아니라 생명이 있는 것은 언젠가는 죽기 마련이다. 그러나 젊고 건강할 때는 자신이 언젠가는 죽는다는 것을 알지만 죽음을 잘 느끼지 않는다. 최근에 몸이 아파 병원에 갔다가 수술을 하면서 나는 문득 죽음에 대해 두려움을 느끼며 살아야겠다는 생각을 하였다.

세상이 하도 각박하고 도저히 이 세상을 더 살아갈 수 없도록 궁지에 몰리면 소중한 자신의 목숨을 버리는 사람들도 있다. 가끔씩 극단적인 선택에 대해 뉴스를 통해 들을 때마다 얼마나 정신적으로 고통이 컸을까 하는 연민을 느낀다. 때로는 세상이 자신을, 그리고 가족을 버렸다고 생각하고 가족과 함께 세상을 버리는 사람들도 있다. 나는 생각해본다. 더 이상 갈 데가 없어 오직 죽음만이 선택할 수 있는 그런 상황에 놓인 사람들의 심정이 너무나 외롭고 죽음이 두려웠을 거라고.

인류의 역사는 온통 전쟁의 역사이다. 역사 속의 전쟁은 권력자들의 탐욕스러움 때문에 일어나는 것이어서 자신의 삶과는 아무런 연관이 없는 수많은 병사들의 죽음을 우리는 '애국'이라는 이름으로 포장하며 그들의 죽음을 정당화시킨다. 그러나 그들의 죽음은 개죽음이 아닐 수 없다. 그렇지만 침략을 받은 나라의 장군과 군졸들은 오직 나라를 지키기 위해 한 목숨을 초개와 같이 바쳤으므로 억울한 죽음이지만 빛나는 죽음이라고 할 것이다. 우리 역사 속에서 수많은 위인들이 전쟁터에서 나라를 위해 목숨을 버렸다. 그 중에서도 이순신 장군 같은 분은 왜군의 총탄에 맞아 죽었지만 육신만이 죽었을 뿐 우리 민족의 가슴 속에는 영원히 살아있다.

오늘도 어디에선가는 사람들이 죽어가고 있다. 배가 고파 죽어가는 아프리카의 어린 생명들과 굶주림을 피해 지중해를 건너 유럽으로 가다가 배가 침몰하여 죽어가는 수많은 사람들, 그리고 전쟁을 피해 국경을 넘어 피난 가다가 죽는 사람들도 부지기수이다. 그뿐이겠는가. 우리 주변에도 죽음의 그림자는 언제나 어른거리고 있다. 우리나라가 선진국에 진입했다는 요즈음에도 아직도 굶주려 죽는 사람들이 있다. 혼자서 쓸쓸하게 죽어 몇 달 만에 시신이 발견된 독거노인, 그리고 코로나19로 죽어 가족들을 만나지도 못하고 화장터로 가 화장되는 죽음은 우리시대의 비극이 아닐 수 없다.

조선대학교 뒷산 깃대봉을 오르다 보면 수많은 무덤들이 산 정상을 향해 오르고 있다. 수백기도 더 될 것 같은 무덤들이 등산로 좌우에 다닥다닥 붙어 있다. 어떤 무덤은 훼손되어 그 흔적이 사라져가고 있고 또 다른 무덤은 앞에 세워둔 작은 비석이 쓰러져 있다. 죽어서도 편치 못한 죽음이 아닐 수 없다.

최근에 50년 만의 폭설이 내렸다. 온통 꽁꽁 언 세상은 하얗게 변해버렸다. 그런데 양림다리 부근에서 노숙자 한 사람이 잠을 자다가 죽었다. 사람들이 꽁꽁 언 채로 죽어있는 시신을 발견하고 119에 신고하여 모셔갔지만, 그 사람의 죽음보다 더 슬픈 것은 신원조회를 하여 가족을 찾았지만 시신을 인도하지 않겠다고 뜻을 밝혔다고 한다. 그러자 시(市)에서 죽은 사람의 시신을 거둬주고 장례를 치러줬다고 한다. 이렇듯 슬픈 사연을 방송을 통해 전해들은 우리들은 가슴이 짠하고 답답하였다.

이 세상 모든 생명의 가치는 식물이든 동물이든 사람이든지간에 모두가 평등하다. 그런데 사람들은 죽음을 공평하게 다루지 않는다. 광주천 다리 밑에서 죽은 사람에게 재산이 있었다면 유족이 시신을 인도하지 않았을까 하는 생각을 하면서 모든 것을 돈으로 환산하여 가치평가하는 자본주의에 길들여진 인간의 행태가 가증스럽다.

오늘도 또 어디선가 생명의 불이 꺼지고 있을 것이다.

언젠가는 모두가 죽게 되지만 우리는 죽음에 대한 예의를 갖춰야 한다. 만약에 나의 죽음이 억울하게 취급된다면 나는 죽어서도 분노할 것이다.

행복한 사람들

세상에는 많은 모임이 있다. 고향친구들 모임에서부터 동창회, 그리고 사회에서 만나 서로 의가 통해 만난 모임, 문학모임 등 다양한 모임을 통해 다양한 체험을 경험할 수 있다. 이러한 모임이 때로는 세상을 바라보는 눈이 확장될 수 있고, 세상을 배우기도 한다. 경우에 따라서 자발적으로 들어가 활동하는 모임도 있고, 내가 좋아 들어가는 모임도 있다. 의견이 분분하여 감정이 상할 때는 모임을 뛰쳐나가고 싶은 모임도 있다. 그러나 짐승들과 달리 인간은 사회적 동물이기 때문에 한발짝 물러서야 할 때도 있다. 내 나이도 이제 50대 중반에 이르고 있으니 적은 나이가 아니다. 그런 까닭에 다양한 친구와 모임에 나가 활동한다. 지천명의 나이에 이르러 갈수록 생각이 깊어지는 것은 남들과 아웅다웅할 필요가 없다는 것이다. 인생이라는 것이 별것도 아니라는 생각

때문이다. 그래서 될 수 있으면 좋은 관계를 유지하려고 애를 쓴다. 그렇지만 만나면 의견이 잘 맞지 않아 티격태격하는 것을 볼 때 뛰쳐나가고 싶은 생각이 절로 난다. 앞에서 말한 것처럼 이제 나이가 들만큼 든 사람들이 아무 것도 아닌 것에 매달려 인간관계를 엉망으로 만들어놓기가 일쑤이다. 그러다보면 모임은 위기에 처하고 감정으로 상한 사람들은 패가 두 갈래로 나누어지기도 한다.

이제 나이 들어가면서 보다 많은 것들을 비우고 복잡하게 살고 싶다. 좋은 사람들을 만나 행복하게 살아가야겠다.

나에게는 몇몇 모임이 있다. 그 중에는 광주 모 경찰서 자문위원으로 활동하는 사람들과의 모임이 있다. 2년의 임기 동안 자문위원으로 활동하며 우리 사회의 그늘에 대해 생각하게 되고 보다 나은 세상을 위해 모이는 모임이다. 2년 동안 활동하다가 임기가 끝나 그냥 헤어지기가 서운해서 모임을 결성하였다. 만나면 그저 행복했다. 2년 동안 자문위원으로 활동하면서 단 한 번도 다투거나 의가 상한 적이 없었으니 친형제자매같이 지냈다. 서로 너무 잘 맞고 화합이 잘 되었던 자문위원들이었기에 해체하지 말고 계속 모임을 갖자고 이구동성으로 말하는 바람에 8명이 새로운 이름으로 새롭게 모임을 갖게 되었다.

이 모임은 철저하게 친목을 바탕으로 결성되었는지라 회원 중 생일이 든 달, 이틀 전이 모임 날이며 떡케익과 선물로 축하해주는 날이다. 그런 까닭에 시작부터 끝나는 시간까지 쉴 새 없이 얘기하고 웃음보따리를 풀어헤치고 장기자랑을 하다보면 어느새 헤어져야할 시간이 다가온다. 그리고 다시 만날 날을 기약하며 헤어진다.

회원 8명은 모두 자신만의 개성을 지녔다. 보면 볼수록 매력이 넘치는 우리의 리더 인술씨, 듬직하고 잘생긴 래진씨, 웃는게 매력적인 민규씨, 자신을 내려놓으면서까지 분위기를 띄우는 석경이, 남자인데도 불구하고 애교가 넘쳐 인기가 많은 백섭씨, 남들 석 잔 마실 때 여섯 잔을 마시고 잠에 취한 현, 쿵탕거리는 현의 성질을 다 받아주는 막내 용태, 7080에 가서 5만 원짜리를 마스터에게 주면서 "선미야, 오늘 니 하고 싶은 것 다 해" 큰소리치는 우석씨. 자주 만나지는 못하지만 이들은 생각하면 절로 얼굴에 미소가 지어지고 행복해진다.

내가 유독 이 모임에 관심을 갖고 행복해하는 것은 다른 모임에 참석하다보면 서로 으르렁거리고 형제자매 같다는 말이 무색할 정도로 자신밖에 모르기 때문이다. 그런데 자문위원 출신 모임은 이해관계가 없고 무엇보다도 서로를 아끼며 사랑할 줄 아는 사람들이 모였기 때문이다. 각기 다른 개성을 지닌 사람들이 어쩌면 이토록 맑고 순수한 마음을 지닐 수 있을까 하는 생각을 하게 된다.

인간은 사회적 동물이다

살다보면 별의별 사람들이 있다. 처음 만났는데도 온화한 성품으로 사람을 참 편안하게 해주는 사람, 첫인상부터 쌈닭처럼 말끝마다 칼날이 숨어있는 사람, 그리고 무엇이든지 함께 나누는 사람, 자신의 이익을 위해서라면 아무리 가까운 사람도 수단과 방법을 가리지 않고 상대에게 손해를 끼치거나 상처를 주는 사람, 이 세상에는 감히 상상도 못할 다양한 사람들이 있다.

나는 작은 것이라도 나보다 이웃을 생각하는 버릇이 몸에 배인 부류에 속한다. 그리고 서로에게 이익을 줄 수 있도록 중간에서 다리를 놓는 일을 많이한다.

내 주변에는 서귀포에서 귤농사를 짓는 지인이 있다. 그리고 고기를 파는 사람도 있고 이런저런 일을 하는 사람들이 있다. 서귀포에서 귤농사를 짓는 지인의 귤 종류를 여러 사람들에게 소개하기도 한다. 그래서 육지에 사는 지인들에게 황금향, 한라봉 등이 출하되는 겨울철이면 지인들에게 연결시켜주곤 했다. 그래서 언젠가는 가까이 지내는 동생에게 메시지를 넣었다.

"아우야! 선물할 곳이 있으면 과일로 부탁해."

내가 지인들에게 가격이 싸고 좋은 상품을 구입할 수 있도록 중간에서 소개시켜주는 것을 다 아는 아우가 문자를 보고

"누나, 100박스 샀어."라고 메시지가 들어왔다.

나는 참으로 서운했다. 내가 만약에 과일을 팔아 생을 연명하고 있다면 혀를 깨물고 죽어야했다. 그 동생은 성격이 예사롭지 않다. 상처를 많이 입은 사람처럼 무슨 말을 하면 모난 각을 세우곤 한다. '서로를 잘 모르니까 그러겠지.' 생각하면서도 나 역시 그 동생을 자꾸만 밀어낸다. 일종의 조건반사같은 것이다.

아우의 메시지를 받은 며칠 뒤 그 동생이 내게 전화를 했다. 받을 수가 없었다. 아니 받고 싶지 않았다. 그랬더니 다음날 아침 일찍 메시지가 왔다.

"누나, 통화할 수 있어?"

그래서 나는 문자로 말하라고 했다. 그랬더니 전화를 걸어왔다. 나는 별로 좋은 기분이 아니어서 "다음 모임 때 보자."고 했다.

그러자 “누나, 고기 주문하려고……. 누나 친구 아들이 하는 곳에서…….”라고 한다.

나는 몹시 당황스러웠다. 그렇지만 아무렇지 않게 그 동생이 원하는대로 친구 아들에게 주문을 해주었다.

그 동생은 자신이 무심코 던진 말 때문에 내가 상처를 받은 것도 모르고 있다. 천성이 그런 사람인가 하는 생각이 들었다.

세상에는 상식이 있고 지켜야 할 예의가 있다. 어쩌면 관심도 없었는지도 모른다. 나는 그 동생의 말에 가슴이 아파왔다. 자존심이 바닥까지 떨어져 그것을 잊어 평상심을 되찾기 위해서는 오랜 시간이 걸릴 것이다. 나는 벌써 걱정이다. 그 동생을 아무 일도 없었다는 듯이 볼 수 있어야 할 텐데, 많은 생각이 내 머릿속을 스쳐간다.

지금껏 내가 서로를 위해 중간에서 좋은 일을 하는 것이 과연 옳은 일인지 혼란스러웠다. 그렇다고 내가 좋은 일 해 놓고 소개비를 받는 것도 아닌데 앞으로 어떻게 해야하는지 고민이다.

생각해보면 ‘인간은 사회적 동물이다’라는 명제처럼 혼자서는 살아갈 수 없는 것이 이 세상이다. 서로 의지하며 살아가는 세상이 좋은 세상이다. 그러는 과정에 서로를 이해하고 인정을 베풀며 살아갈 때 어느날 좋은 일이 생기기 마련이다. 그렇지 않고 자신만의 이익을 위해 살아간다면 세상은 더욱 탐욕스러워질 것이며 필연적으로 분쟁이 일고 말 것이다. 불가에서는 '옷깃만 스쳐도 인연'이라고 했는데 이 세상 수많은 사람들 중에서 오늘 우리가 만나 서로 어려움을 나누고 살아가는 것을 우리는 모두 꿈꾼다. 그렇기 위해서는 서로 돕고 인정을 베풀고 살아야한다. 그런데 동물들처럼 강한 자가 약한 자를 억누르고 혼자 독불장군처럼 군림하며 살아간다면 이 세상은 지옥이 되고 말 것이다. 인간과 짐승의 변별력은 앞에서 밝힌 것처럼 서로 소통하며 마음을 나눌 때 우리가 꿈꾸는 유토피아가 될 것이다.

가족

이 세상에서 '가족'보다 더 좋은 말이 있을까? 가족은 부모와 자식, 또는 부부 등의 관계로 이어진 공동체이다. 모두가 혈연으로 이어졌기 때문에 같은 유전자를 가진 사람들이어서 더욱 깊을 수밖에 없다. 우리나라는 1970년대까지만 해도 농경사회의 전통을 지키며 살았기 때문에 한 지붕 아래에 삼대가 사는 경우가 많았다. 물론 그 시절에는 가부장제도여서 할아버지나 아버지가 집안을 이끌어가다보니 가족공동체를 책임지었다.

그런 반면에 할아버지나 아버지의 말은 집안을 일사분란하게 이끌어가는 신성한 말씀이었다. 가부장제의 폐해도 있지만 할아버지와 아버지가 집안에 버티고 있어야 집안이 화목하고 어려운 일도 해결하는 든든한 버팀목이 되었다.

농경사회가 산업사회로 전환되면서 대가족제가 해체되

어 이른바 핵가족제가 오늘 우리나라의 가족구성원이 되어 부부중심으로 부모와 자식으로 이루어진 시대가 되었다. 그러자 집안의 가장 큰 어른인 할아버지와 할머니는 나이가 들면 요양원이나 요양병원으로 모시게 되는 경우가 많은데 내 생각으로는 할아버지와 할머니는 늙어서 참으로 외롭겠다는 생각이 든다. 그렇지만 세태가 그렇게 흘러가니 거역할 수 없는 노릇이다. 그런 까닭에 그 옛날 대가족제에서의 따스한 인정이 넘치는 가족애의 향수가 솟아오르고 그 시절을 그리워한다.

가부장제가 붕괴되다보니 혼자 사는 독거노인이 많이 늘었다. 늙은 부부 중 한 사람이 세상을 떠나면 혼자 남은 할아버지나 할머니가 요양원에 가거나 집에 홀로 남을 수밖에 없다. 문제는 집에 남은 할아버지나 할머니가 자식들의 보살핌을 받지 못하고 혼자 살다가 돌아가시면 이른바 고독사를 하게 되어 돌아가셔도 자식들이 알지 못하여 몇 달 만에 발견되기도 한다. 노년이 편안해야 되거늘 외롭고 쓸쓸한 노년을 살아야하는 어르신들의 삶이 불행하다는 생각이 든다.

나에게는 고모님들이 계신다. 특히 큰고모네 가족은 참으로 화목하고 행복한 집안이다. 큰고모네 가족처럼 서로 우애하고 행복한 집안도 드물 것이다. 최근에 사촌동생 영진이가 결혼을 하였다. 코로나19로 엄중한 시기가 아니었으면 많은 하객들의 축하 속에서 결혼식을 올렸을 텐데 우리 가족끼리 모여 식을 올렸다. 그럼에도 불구하고 오히려 오붓한 가운데 식을 올린 것도 나쁘지 않았다. 워낙 가족애가 튼실하기 때문이다. 12살 연하의 간호사 신부까지 얻었으니 경사중의 경사가 되어 훈훈한 분위기가 추운 날씨임에도 불구하고 화기애애한 시간이었다.

사촌동생 영진이는 스피치 학원을 운영하고 있는데 코로나 정국에서도 그 열정이 뜨거워 다행스럽다.

고모네 가족을 소개하면 다음과 같다. 수학교사인 누나 정현이는 남매지간이지만 분신인 듯 애틋하다. 정현이는 서울에서 공부하러 간 동생 영진이를 위해 자신 앞으로 대출을 하여 집을 얻어주고, 그런 누나가 시집을 가서 집을 사기 위해 대출을 받았는데 동생인 영진이가 대출금을 변제해주기도 했다. 마치 옛 우리나라 이야기 속의 형과 아우가 밤새 추수한 볏단을 아우는 형님께 형은 아우에게 갖다 준 것처럼 남매간의 우애가 두텁다.

뿐만 아니라 사촌동생들은 이 세상에 드문 효자효녀이다. 자신들은 소형차를 끌고 엄마에게는 중형차를 사드리고 엄마가 몇 십 년 살던 아파트를 딸 정현이가 신혼집으로 들어가 살고 엄마에게는 새로 지은 아파트를 사드렸다. 요즘에 이런 효자효녀가 어디에 있겠는가. 뿐만 아니다. 엄마가 가고 싶은 여행지를 시간을 내어 같이 떠나기도 하고, 쉬는 날엔 함께 백화점에 가서 서로 자신들의 것이 아닌 가족들에게 사주려고 시시비비를 한다. 이러한 모습을 지켜보면서 나는 '가족'이 어떤 것인지를 새롭게 깨달았다.

큰고모는 한 달에 몇 번씩 증조할아버지, 증조할머니, 할아버지와 할머니의 한 시간 거리의 산소에 다녀오시곤 한다. 다들 바쁘다는 이유로 핑계를 대기 십상인데 큰고모는 텃밭에서 풀을 뽑고 채소를 심는다. 이렇듯 온가족이 한마음이 되어 화목하고 사랑이 넘치는 것은 '윗물이 맑아야 아랫물이 맑다'는 말처럼 어른들이 솔선수범 앞장서서 가족을 평화롭게 이끌어 있으니 자식들이 어찌 부모를 따라 배우지 않겠는가.

큰고모네 집을 바라보면서 이상적인 가족의 모습이 바로 저런 것이구나를 몇 번이고 생각하곤 한다.

작은 아버지와 사진작가 김용갑

사람은 한 번 이 세상에 왔다가 간다. 이것은 피할 수 없는 운명이다. 한 번 온 이 세상엔 육체가 건강한 사람도 있지만 장애를 가진 사람들도 많다. 나라에서 복지차원에서 장애인들에게 다양한 도움을 주지만 아직까지는 미흡한 것이 많다. 그러나 중요한 것은 장애인 자신이 장애라는 벽을 극복하고 어떻게 살 것인가 하고 강인한 의지를 갖는 일이다. 어떤 사람은 씩씩하게 잘 살아가기도 하고 어떤 사람은 절망의 웅덩이에 빠져 절망적인 삶을 살고 있다.

우리 집안에도 장애를 가진 분이 있다. 막내 작은아버지는 남들이 부러워하는 막내아들로 태어나 당신이 하고 싶은 것, 누리고 싶은 것, 모두 해왔다. 그런데 운명은 언제나 시기질투가 많은 것이어서 작은아버지께 시련을 주었다. 온몸이 마비되어 움직이지 못하는 희귀병에 걸려 겨우 손가락만 움직일 수 있게 되었다. 손가락만 살아있음도 감사해야 할 일이어서 작은아버지는 손가락으로 전동휠체어를 간신히 움직이는 처지가 되었다. 건강한 사람이 갑자기 온몸이 마비되었으니 얼마나 힘들고 답답했겠는가. 절망적인 생각으로 밤잠을 설친 날이 많았을 것을 생각하니 안타깝다.

처음에는 병명을 알지 못한 채 몇 개월의 시간이 지났다. 그러는 동안 쓰지 못하는 하체는 비쩍 말라 뼈만 앙상했다. 작은아버지는 그저 끊임없이 눈물만 흘릴 뿐이었다. 그도 그럴 것이 건강할 때는 시간만 나면 등산복차림으로 산이라는 산은 모두 등반하고 다녔다. 그런데 건강에 자부심이 넘치던 작은아버지가 일종의 루게릭병 같은 온몸이 마비되는 병에 걸려 꼼짝할 수 없게 되었으니 안당해본 사람들이 어찌 그 마음을 알겠는가.

운동을 너무 열심히 하다보니 너무 과해서 몹쓸 병에 걸린 것이 아닌가 하는 생각이 들기도 하였다.

서울의 큰 병원에 정기검진을 받기 위해 재활병원에서 잠깐 나온 작은아버지는 식구들과 식사를 하게 되었다. 거의 마비된 팔로 가까스로 숟가락을 들어 식사를 해보려 했지만 고작 서너 숟가락을 들 뿐 더 이상 수저질을 못해 식사를 하지 못했다. 이러한 자신의 처지가 너무나 애처로운지 소리내어 통곡을 했다. 그런 작은아버지의 모습을 지켜보던 가족 모두도 함께 엉엉 소리 내어 울어버려 식당은 갑자기 울음바다가 되어버렸다.

가족은 코로나로 인해 다시 병원에 들어가면 다시 볼 수 없을지도 모르는 불안한 생각도 있었을 것이다. 물론 작은아버지도 그런 생각을 했을 것이다. 가족들은 마치 마지막을 음미하듯 최선을 다해 마음으로 작은 아버지를 위로해주는데, 그 모습이 더 고통스럽기만 하다.

작은아버지가 아픈 것은 운명 때문이라면 받아들여야겠지만, 하필 작은아버지께 그런 고통을 주는지 마음이 참으로 아프다.

서귀포시 색달초등학교는 사진작가 김용갑이 그의 인생 마지막으로 폐교가 된 학교를 미술관으로 꾸미고 정원도 직접 꾸민 곳이다.

이곳에 가니 작은아버지가 생각났다. 충청도사람 김용갑은 우연히 제주도에 사진 찍으러 왔다가 제주도의 아름다운 풍광에 심취해 아예 제주도에 정착하였다. 육지와는 다른 오름과 용암이 흘러내린 바닷가 등을 카메라로 찍었다. 하나의 작품을 위해 몇 시간씩, 아니 며칠 동안 카메라로 피사체를 겨누기도 하였다. 이전까지 어느 누구도 제주도의 아름다운 풍광을 전문적으로 사진으로 찍은 작가가 없었다.

서울의 좋은 직장을 버리고 지독한 가난 속에서 제주도의 풍광을 사진으로 찍다가 언제부턴가 몸에 이상이 생기기 시작했다. 루게릭병이 그를 찾아온 것이다. 점점 말을 안 듣는 육신은 사진 찍는 것조차 버거워졌다. 그리고 마침내 비쩍 마른 그의 몸은 마비가 되어 마침내 이 세상을 하직하고 말았다.

집념으로 생산한 제주의 풍경들이 새로 변모한 김용갑 갤러리에 전시되어 있다. 그의 누님들이 그를 찾아오는 것조차 두려워했던 것은 망가져가는 자신의 모습을 보여주기 싫어서였다. 이제 그는 떠나고 없지만 그가 생전에 남긴 제주도 풍경은 이 세상에 남아있다.

점점 몸이 마비되어 가더라도 작은 아버지께서 살아온 삶의 모습들은 이 세상에 남아 있는 법이어서, 가족과 함께 열심히 살아가시기를 간절하게 기도드린다.

생명의 등가

산이나 들에 있는 나무들은 잘도 자란다. 인간의 손길이 가지 않아도 열대지방이나 시베리아에서도 환경에 적응하며 잘 살아간다. 그런데 인간의 욕심은 언젠가부터 화분에 나무를 심고 나무의 손과 발을 잘라 자신들이 원하는 모양으로 만들어 키운다. 분재가 그것이다. 분재는 본래 우리나라 사람들이 나무를 축소하여 키우는 방법이 아니었다. 일본사람들이 먼저 분재를 시작했다고 한다. 당산나무를 아주 작게 만들어 집안에서도 커다란 고목을 보듯 즐겨했다고 한다. 그래서인지 일본민족을 '축소지향성 민족'이라고 이어령 교수는 말을 했다. 생각해보면 분재는 나무를 괴롭혀서 자신들이 원하는 모양을 만들어 완상하기 위해 만들었다. 우리나라 선조들은 자연 속에 사람이 자연스럽게 하나가 되는 것을 추구해왔다. 인간을 자연의 일부로 바라보았기 때문이다. 가령

사찰을 보면 앞에만 문이 있을 뿐 뒤쪽에는 담장이 없어 자연스럽게 자연과 하나가 되게 하였다.

그러나 오늘날에는 우리나라에도 분재하는 사람들이 늘었다. 분재를 하나의 예술장르로 이해하는 까닭이다. 그렇다고해도 나는 분재를 용납하지 못한다. 분재가 아닌 일반 나무나 꽃을 분재에 가꾸는 것은 용납한다. 나무나 꽃은 분재처럼 철사줄로 묶고 가위질을 하지 않기 때문이다. 그렇다고 해도 나무나 꽃 역시 땅에서 키워야하는 것이 원칙임을 기억하고 어려운 환경인만큼 나무나 꽃의 생태적 특성을 잘 알고 양육해야함은 당연하다.

내가 대학을 졸업한 후 수십 년 만에 다시 법대를 다닐 때의 일이다. 모두가 자식뻘 되는 아이들과 강의를 들으니 처음엔 멋쩍었지만 시간이 흐르니 자연스럽게 아이들에게 동화되어 같은 학우가 된 기분이어서 마치 내가 젊어진 듯하여 학교생활이 즐거웠다.

그 때의 일이다. 학과장실에 나무 한 그루가 화분에서 자라고 있었다. 학과장님은 지극정성으로 화분의 나무를 아주 푸르고 싱싱하게 잘 길렀다. 교수님은 한두 번 나무를 길러본 것 같지 않았다. 어쩌다 학과장님 연구실에 들어가면 푸르른 나무가 싱그럽고 생명력이 넘쳤다. 모두가 학과장님 연구실의 초록의 싱그러움에서 좋은 기운을 받아가는 것 같았다. 그러다가 새 학기가 되어 학과장님이 바뀌었다. 전 학과장님은 학과장실에 나무를 놓고 갔다. 후임 학과장님께 나무를 인계하고 자신의 연구실로 돌아갔다. 학과장실의 나무는 푸르렀다. 그런데 시간이 갈수록 나무가 기운이 없어보였다. 그러다가 점점 이파리가 누래지고 한눈에 봐도 시들해갔다. 그러자 새 학과장님은 전 학과장님께 이 사실을 알렸다. 전 학과장님은 죽어가는 나무를 자신의 연구실로 옮겼다. 그리고 정성스레 나무를 가꾸었다. 시간이 흐르면서 나무는 생기를 회복해갔다. 조금 시간이 지나자 옛날처럼 나무는 푸르름을 회복하였다. 그것을 본 학과장님은 참으로 이상한 일이라고 여겼다.

화분이라는 공간에서 누구는 나무를 잘 기르고 또 누구는 죽일 뻔 했다. 그것은 나무의 생태적 특징을 알고 정성과 관심을 가지고 나무를 기르면 나무도 이러한 기운을 알아차리고 잘 자라는 모양이다. 가령 하루에 물을 한 번 준다거나 아니면 사흘이나 일주일에 한 번씩 나무에 물을 줘야하는 나무의 특성을 이해해야 나무를 잘 기를 수 있는 것이다.

학교에서 일어난 작은 사건이지만 하마터면 하나의 생명을 잃을 뻔한 사건이었다. 연구실 안에서 다시 생명의 기운을 차린 나무가 무성하여 주인의 마음은 물론 보는 사람들을 즐겁게 한다.

그러므로 자신이 선택한 나무나 반려동물을 키우기로 작정했으면 가족처럼 여기고 끝까지 책임을 져야한다. 예쁘다고, 귀엽다고 덥석 키울 일이 아니다.

생명의 등가는 식물이든 동물이든, 동물 중에서 개나 돼지와 사람의 가치는 모두가 같기 때문이다. 인간이 지구를 지배하고 있기 때문에 자연을 훼손하고 동식물을 함부로 하는 것은 근대정신의 모순이다. 그러므로 우리는 멸종한 동식물을 다시 복원하고자 많은 노력을 투자하고 있다. 이렇듯 생명정신은 우리 선조들의 민속적인 삶에서 쉽게 볼 수 있다. 겨울 감나무가지에 까치밥을 남겨놓는 것이나, 시제 때 무덤 주위에 '고시래' 하면서 음식물을 뿌려 산에 사는 짐승들에게 먹이를 주는 것이 바로 그것이다. 이제 우리는 나무 한 그루 풀 한 포기라도 인간의 목숨 같은 것이라는 인식으로 바라볼 일이다.

제2부

살기좋은 환경을 위하여

옥매산 광부들의 비극

제주도 해안을 한 바퀴 돌면 절벽 아래에 수많은 동굴들이 있다. 일제강점기 말인 1944년부터 굴을 파기 시작하였다. 오늘날도 배를 타고 조금만 나가면 해안절벽에 뚫린 수많은 동굴들이 보인다.

군사시설 구축작업이 본격화된 1944년부터 마을별로 동원 할당량이 배정되었다. 이 당시 일본은 태평양전쟁에서 패색이 짙었다. 이 시기 제주도에 군사시설이 구축된 것은 장차 전쟁을 일본 본토보다 제주도를 전쟁터로 만들어 본토의 피해를 줄일 요량이었다. 당시 일본의 병력은 여섯 개의 큰 섬으로 이루어진 일본에 여섯 군데에 주력 군사를 배치하고 일곱 번째의 주력을 제주도에 배치하였다.

이 때 군사시설 구축을 위해 제주도민은 물론이고 전라남도 등 전국의 노동자들을 강제로 잡아다가 노동을 시켰다.

제주해안의 절벽은 모두 바위로 되어있어 이것을 파고 군사기지용 동굴을 파는 일은 쉽지 않았다.

여기에 동원된 사람들 중에는 전라남도 해남군 황산면과 문내면의 경계에 있는 옥매산(玉埋山) 노동자들도 있었다. 해방되기 직전인 1945년 3월 하순, 옥매산 광부들에게 동원령이 떨어졌다. 이들은 영문도 모르고 일본 경찰과 헌병에게 둘러싸인 채 항구로 끌려가 두 척의 배에 나눠 타고 제주도로 향했다. 한 척에는 연장이 실려 있었다. 이 때 일본인 간부 다섯 명도 광부관리차원에서 동행하였다. 배는 어두워질 무렵 출항하였는데 미군폭격 때문에 늦은 시각에 출발하였다.

본래 옥매산에서는 명반석을 채굴하였다. 일본에서는 나지 않는 광물이다. 매장량은 2,000만 톤 이상으로 당시의 소비량으로 일본 소비량을 기준으로 200년을 쓸 수 있는 물량이었다. 일본 시카마화학공업에서 시작하여 아사다화학공업 등으로 광업권자가 바뀌면서 채굴하여 알루미늄을 제조하였다. 옥매산에서 채석한 명반석은 떡봉산 남쪽 선창까지 옮겨졌다가 선박을 이용해 일본으로 운송되었다. 옥매산 광산에는 최대 1,200여 명의 광부가 일했는데, 대부분 인근 마을 사람들이었다.

옥매산 광부들도 장차 전쟁터가 될 제주도로 동원령이 떨어져 제주도로 향했다. 옥매광산 광부들이 모슬포항에 이르렀을 때, 전국에서 강제로 동원된 노동자들도 모슬포항에 도착했다. 왜 모슬포항이었는가는, 태평양에서 밀고 오는 미군을 처음 맞는 곳이 남제주해안가이기 때문이다. 옥매광산 광부들은 도착하자마자 여러 곳으로 나뉘어 군사시설 작업에 투입되었다. 옥매광산 광부들은 곳곳으로 흩어졌다. 세 명이 한 조가 되어 굴을 팠다. 숙소는 절벽 앞에 땅을 파고 그 위에 천막을 씌운 것이었다. 해어진 담요를 덮고 잤고 먹을 것은 소여물 같은 것이었다. 날마다 굴 파는 일을 반복적으로 하는 강제노동에 노동자들은 지쳐갔다. 찌는 듯한 더위가 기승을 부리는 날 일본이 전쟁에 지고 미군이 상륙한다는 소문이 파다했다. 마침내 해방이 되었다.

일본군들은 해방 다음날 광부들을 트럭으로 제주항까지 실어다 줬다. 그러나 항구에는 집으로 돌아갈 배들이 없었다. 모든 배들이 미군의 폭격으로 파괴되었기 때문이다. 225명의 노동자들은 제주항에서 언제 올지 모르는 배를 기다리며 사나흘을 기다렸다. 마침내 배가 왔다. 35톤 화물선으로 225명이 모두 승선할 수 있는지 전날 밤에 시험승선을 하였다.

이튿날, 파도는 심했지만 날씨는 좋았다. 모두 승선하고 배가 출발하였는데 워낙 노동자 수가 많아 한여름이라 땀 냄새가 났다.

얼마쯤 배가 갔을까. 갑자기 오전 여덟시 무렵 기관실에서 화재가 발생했다. 화물선은 자주 시동이 꺼졌다. 세 번째 고장이 났는데 시동을 걸다가 불이 났다. 불은 삽시간에 번져 배 밑에 있던 사람들은 너무 뜨거워 견딜 수가 없어 밖으로 뛰쳐나왔다. 배는 작은데 많은 사람이 타고 있어 배 안은 아수라장이 되고 말았다. 선장이 가장 먼저 탈출하고 기관장은 불에 타 죽었다는 이야기도 나중에 들어왔다. 불이 계속 번지자 사람들은 참다못해 바다에 뛰어들었다. 수영을 할 줄 모르는 사람들은 바다에 뛰어내린 즉시 죽고 수영을 할 줄 아는 사람들은 나무판자 등을 붙잡고 바다 위를 떠다녔다. 파도가 너무 높아 바로 옆에 있는 사람도 보이지 않았다. 궤짝을 잡은 사람들도 하나 둘 힘이 빠져 떨어져 나갔다. 여덟 시간 정도를 노동자들은 표류했다. 그러다가 일본 군함인 소해정이 목포에서 진해로 가던 도중에 배에서 연기가 나는 것을 보고 다가왔다. 군함에 있던 일본인은 제일 먼저 배에 오른 일본인에게 일본인이 있는지를 물었다. 당시 배에는 노동자들을 관리하는 차원에서 다섯 명이 승선하고 있었다. 그 소식을 들은 일본군함은 망원경으로 바다 위를 살피며 불타는 배를 돌았다. 일본인을 찾기 위해서였다. 그 와중에 한국 사람도 배에 태웠는데 이 때 구출된 노동자는 137명이었고 일본인도 두어 명 더 구조되었다. 한국 사람들은 살려달라고 바다에서 소리쳤지만 나머지 일본인 두 명이 죽었다고 확신하고 그곳을 떠나버렸다.

일본 군함은 전라남도 청산도에 노동자들을 내려놓고 진해로 떠나버렸다. 청산도 어민들이 따뜻한 물과 사탕, 과일 등을 생존자들에게 갖다 주었다. 제주도를 떠났던 255명 중 구조된 사람은 137명, 118명은 바다에 수장되었다. 살아남은 노동자들은 청산도 어민들이 내준 돛단배로 간신히 해남으로 돌아온 것은 제주도로 강제로 끌려간 지 5개월만이었는데, 일제에 의해 끌려가 품삯 한 푼 받지 못하고 노역에 시달렸다가 우여곡절 끝에 고향에 돌아오는 길에 너무도 많은 생명을 바다에서 잃었다.

2012년 8월 15일, 해방된 지 67년 만에 옥매산 꼭대기에서 발견된 쇠말뚝을 제거하는 행사를 할 때 해몰광부들의 위령제가 처음 열렸다. 2015년 8월에 해남군민이 모금을 하여 옥매산 선창에 조형물을 건립하고 추모제를 열었다.

일제는 우리나라 국권을 빼앗아 온갖 만행을 저질렀다. 해방 이후에도 일본에 강제징용으로 끌려갔다가 일본 해상에서 수많은 사람들이 배가 침몰되는 바람에 수많은 사람들이 조국에 돌아오지 못했다. 나는 서귀포에 살면서 유람선을 타고 서귀포 앞바다를 돌아보면 서귀포 해안선을 따라 많은 동굴이 아직도 일제의 만행을 증언하듯 뚫려있다. 막바지 태평양 전쟁의 최전선인 제주도의 상흔이 고스란히 남아 아프게 뚫려있다.

전국유일 문학관이 없는 도시

"광주에는 문학관이 없다" 이 말은 참말이다. 이런 사실을 타지역 문학인들이 알게 된다면 참으로 의아하게 생각할 것이다. 한때는 한국문학의 중심지나 다름없어 문학사를 빛낸 수많은 문학인을 배출한 예향 광주에 도저히 있을 수 없는 일이기 때문이다.

"광주에는 문학관이 없다"는 말에 가장 먼저 부끄러워해야 하고 대오각성해야 할 사람은 광주시장도 아니고 국회의원도 아니다. 물론 그들에게도 책임이 전혀 없다고 할 수 없다. 광주의 문인들은 부끄러워해야 한다.

1996년 이후 광주문학관건립을 추진해 오면서 지극히 선(善)을 추구해야 할 문학인들간의 불협화음 때문에 2009년 120억 예산이 불용되고, 2013년에는 부지선정을 놓고 문학단체들간에 갈등을 빚어 광주시에서도 문학관 문제가 이

슈되면 골머리가 아플 지경일 것이다.

다행히 지난 달 보수와 진보를 대표하는 광주문인협회와 작가회의 광주전남지회가 주축이 되어 광주문학관 추진위원회가 구성되어 간담회를 가졌다. 필자의 생각으로는 그동안의 문학관추진과정을 살펴보건데 문학관의 주체인 문인들이 하나의 마음으로 통일하여 잡음을 없애는 것이 가장 중요하다고 생각된다. 그러기 위해서는 사설단체를 철저하게 배격해야 한다. 사설단체도 따지고보면 대부분 문인협회와 한국작가회의 소속문인들이기 때문이다.

이런 말도 안 되는 글을 쓰는 필자 역시 문인의 한 사람인 까닭에 참으로 부끄럽다.

문학관은 그저 하나의 구조물만이 아니다. 우리 지역 선배들의 문학세계를 조명하고 그들이 일궈놓은 빛나는 정신세계를 새롭게 계승하게 하는 영혼이 깃든 공간이다.

전국의 문학관 중 어떤 지역은 문학인들이 하나가 되어 십시일반 힘을 모은 곳도 있고, 모두가 지역문학관 건립에 이견을 보이지 않았음을 확인하였다. 그런데도 부끄럽게 문학관 건립에 이견을 보이는 것은 아주 사소한 욕망 때문이라고 생각한다. 대저 문학인이라면 남들이 보지 못한 것을 볼 수 있어야 하고, 남들이 생각하지 못한 것을 생각하는 깨어있는 사람이거늘 하찮은 욕망 때문에 문학인의 이름을 더럽히는 사람은 진정한 문학인이라고 할 수 없을 것이다.

얼마 전 광주문인협회 회장은 광주문학관 건립문제를 건의하기 위해 광주시장을 찾은 적이 있다. 시장께서는 어찌 아셨는지 먼저 광주문학관 건립을 위해 힘을 모으겠다고 하며 문인들의 통일된 의견이 필요하다고 하였다. 옳은 말씀이다. 그까지껏 우리 문학인이 이참에 하나가 되어 광주문학관을 열망하는 강한 의지를 보여주도록 하자.

강경호 시인은 지금껏 광주문학관 건립추진의 방향성을 문예지에서 좌담회를 하거나 언론에 칼럼을 몇 번 쓰면서 문학관에서 가장 중요한 것이 컨텐츠임을 강조했다. 즉 문학관 추진도 중요하지만 문학관의 효용성이나 기능이 문학관의 존재성을 결정해주기 때문이다. 앞에서도 밝혔지만 우리지역 출신 수많은 문학인들의 작품세계를 들여다보며 그 전통을 새롭게 계승하는 일이다. 이와 더불어 다양한 문학과 문학인접예술과의 만남도 예술장르간의 소통 및 새로운 장르의 탄생이라는 의외의 결과를 기대할 수 있는 장이 될 수도 있다. 더불어 시민들의 문화향수와 함께 풍요로운 삶의 원천이 될 수 있다. 이런 생각을 하다보면 벌써 행복해진다.

그런 날이 오긴 오는 걸까?

아직 광주에는 문학관이 없기 때문이다.

이제 우리 문학인들은 후배들에게, 후손들에게 자랑스러운 문학인으로 기억되기 위해 제발 공식인정기관인 광주문인협회와 광주·전남작가회의 깃발 아래서 광주문학 100

년의 산실이 될 광주문학관 건립을 위해 하나가 되자.

"광주에는 문학관이 없다"

참으로 부끄러운 말이다.

문명의 그늘과 인간의 삶을 생각한다

산업혁명 이후 인류는 이전과는 비교할 수 없는 비약적인 발전을 했다. 조지 오웰의 『1984년』는 이미 옛 이야기가 되어버렸다. 눈을 뜨면 하루가 다르게 세상은 달라져 있고 새로운 상품들이 나타난다. 새 스마트폰을 개시하는 날은 수많은 사람들이 매장 앞에 줄을 서서 눈부시고 경이로운 과학문명에 설레는 마음과 기대에 찬 눈빛을 한다. 새로운 기술문명에 쉽게 적응하지 못한 나는 아날로그적 감성에서 헤어나지 못하고 과학문명이 좀 더 천천히 발전했으면 좋겠다는 생각을 하곤 한다.

나는 과연 과학문명의 이데올로기를 이해하지 못한 낙오자인가? 올해에만 스마트폰을 두 개나 잃어버렸다. 이것은 순전히 나의 건망증 때문이지만 새로 구입할 때마다 사용법을 배우느라 한동안 낯선 스마트폰이 무섭고 그 앞에서 쩔쩔

맨다.

그런데도 사람들은 스마트폰 없이는 단 한 시간도 견딜 수 없다는 듯이 신호등 앞에서, 길을 걷다가, 심지어는 운전하면서도 스마트폰을 본다. 틈만 나면 그곳이 학교 강의실이건, 국회 의사당이건, 공원 벤치건, 스마트폰을 본다. 사람들이 모두 감정도 없고, 따스한 체온도 없는 스마트폰의 매력에 빠져 중독되어 버린 것은 아닐가?

문제는 갈수록 자연문명이 인간을 소외시키고 세상과 단절시키는데 있다고 생각한다. 컴퓨터에 빠져 몇날 며칠을, 그래서 방문을 잠근 채 몇 년 째 컴퓨터와 지내는 사람들도 점차 많아지고 있다 한다. 핵가족을 넘어 결혼을 하지 않고 혼자 사는 사람들도 늘고 있어 대한민국의 소멸을 예견한 사람들도 있다. 죽은 지 몇 달이 된 후 발견된 고독사를 한 사람들도 심심치않은 언론의 단골매뉴이다. 문화현상에서도 세상에서 소외와 단절의 모습이 감지된다. 서정성 짙은 대중가요들의 폭이 좁아지고 그 자리에 랩이 스며드는 것을 나는 관심있게 지켜봐 왔다. 랩이라는 음악장르의 특성은 마치 혼자 중얼거리는 중얼거림의 음악이라는 생각을 많이 해 본다. '중얼거림'은 상대의 눈앞이 아닌 혼자만의 공간에서 뇌까리는 행위이다. 메시지를 정확하게, 그리고 상대에게 자신의 감정이 깃든 말을 전달하는 것이 보편적인 소통방식이다. 그런데 혼자서 허공에 내던지는 말은 의미가 없다. 소통의 방식이 아니다.

혼자 밥을 먹고, 혼자 술을 마시고, 혼자 노래를 부르고, 혼자 잠을 자는 1인 가족이 많이 늘어나고 있는 추세이다. '인간은 사회적 동물이다'는 명제는 인간은 절대 혼자서 세상을 살아갈 수 없음을 갈파한 말이다. 그런데 현대인은 혼자서도 잘 논다. 즐거운 세상이라고 해야 할까, 불행이라고 해야 할까?

이러한 사회적인 현상은 서두에서 밝힌 것처럼 과학문명의 발달과 무한경쟁사회에서 점차 도태되거나 소외되는 사람이 늘어나는 것과 상관이 있다고 생각한다. 과학문명의 발달은 산업혁명으로 공장이 기계화되자 노동자들이 쫓겨나게 되어 기계를 파괴했던 역사를 생각하게 한다. 그래도 그때의 노동자들은 용기가 있었다. 현대에서는 과학문명에 저항하는 사람들이 없기 때문이다. 그저 일상으로 받아들여 대책없이 사회에서 소외되는 경우가 많다.

얼마 전에 인공지능과 유명한 바둑기사가 바둑을 두었는데 결과는 인간의 참패였다. 지금 세계는 인공지능을 탑재한 로봇을 만드는데 쌍심지를 켜고 있다. 병원에서는 이미 기계를 이용하여 수술을 실시한다. 많은 인력이 필요한 공장들도 얼마 가지 않으면 인공지능이 그 자리를 차지할 것이라는 전망이 있다. 창작영역인 그림그리기와 글쓰기, 그리고 번역 등 상상력이 필요한 인문예술까지 인공지능이 해낼 날이 멀지 않았다니 이제 인간이 설 자리는 점점 좁아질 것이 뻔하다.

사찰의 해우소는 왜 먼 곳에 있는지를 생각한다. 대웅전이나 요사채에서 해우소에 이르는 거리는 사색의 공간이며 인간의 길을 생각하는 시간이 아닐까. 많은 사람들이 기계로 뺀 면보다 수타면을 선호하는 것은 단지 옛 향수를 느끼려는 버릇일까. 정성들인 손길에서 더한 맛을 느끼는 것일지도 모른다. 기계로 대량생산한 물건보다 풍구질하여 일으킨 불에 무쇠를 달궈 대장장이가 망치질하여 만든 농기구와 주방용품이 더 매력적인 것은 무엇 때문일까. 그래서 장인의 손에 수없이 망치를 맞은 징이나 꽹과리의 소리가 마음 속 깊이, 그리고 더 멀리 울림을 주는 것은 또 무엇 때문일까. 그리고 양희은, 송창식의 노래에 깃든 인간을 향한 정서를 통해 젊은시절을 눈물짓게 하고 기쁘게 했던 이유는 어떻게 설명해야 하는가. 나는 종이책을 주로 읽는다. 사이버공간에서 떠도는 획일화된 글씨체와 진정성이 없는 글을 읽는 일이 식상하고 때로는 허무하다. 물론 내가 신는 구두 또한 수제품이니, 나는 여전히 과학문명과 디지털 문화에 적응하지 못한 문명에서 소외된 낙오자란 말인가. 취미 또한 어린시절 농가에서 쓰던 쟁기, 가래, 저울, 베틀 부속, 종자그릇, 이발소 가위, 고모들이 쓰던 인두, 아버지가 쓰던 녹슨 쇠스랑과 다 닳은 괭이를 수집하는 일이다.

그러나 나는 과학문명을 거부하는 것은 절대 아니다. 무한경쟁 시대 우리 청년들의 실업이 늘어나는 현상과 낮고 가난한 사람들이 문명의 그늘에서 소외되는 것에 저항할 뿐이다. 또한 자본의 폭력에 항변할 뿐이다.

밤새 쓴 편지를 빨간 우체통에 넣고 집으로 돌아오던 영혼이 순수했던 여고시절과 온 가족이 모여 밥을 먹고 일을 하던 농경사회가 간직한 인간을 향한 향기를 그리워하는 것이다.

보름달과 여성

며칠 후면 우리 민족의 명절 추석이다. 옛날엔 설 · 추석 · 한식 · 단오를 4대 명절로 쳤지만, 이제는 설과 추석만이 명절이라는 인식이 자리잡은 듯하다. 우리 고유의 명절들은 모두 농경문화와 깊이 관련된 것으로 특히 추석은 농경민족인 우리 선조들의 삶의 정서가 깊이 투사되어 있다. 일 년 동안 열심히 땀흘려 농사를 짓게 해준 하늘과 땅, 그리고 조상들께 감사드리는 의식이 배어있기 때문이다.

그런데 2000년 동안 이어온 전통이 오늘날 참 많이도 변했다는 생각이 든다. 근대산업사회로의 이행이 그 변화를 가져왔다고 생각된다. 몇 십 년전까지만 해도 국민의 70% 이상이 농업을 삶의 방편으로 삼아왔지만 이제 농사를 짓는 인구는 20%도 안 된다. 그것도 연로한 어르신이 주류를 이루고 있으니 농경을 근간으로 쇠던 추석명절은 농경사회를 경험했던 세대들에게만 민족고유의 명절로 인식될 뿐 오늘날 젊은 세대들에게는 과연 어떻게 인식되고 있는지 궁금하다.

농경사회에서 유년기를 보냈던 필자는 수천 년 이어져 내려온 추석명절에 즐기던 세시풍속들이 기억 속에서 아련하다. 우리말로 '한가위'로 불리는 추석날은 일년 중 달이 가장 크고 밝아 누님들과 아낙네들은 동네에서 가장 넓은 마당이 있는 집에서 선과 색이 고운 저고리와 치마를 입고 강강수월래를 하며 뛰어놀았다. 주지하다시피 1년 24절기는 달의 운행주기를 농경에 알맞게 나눈 것으로 선조들은 그것에 맞춰 씨를 뿌리고 추수를 하며 농사를 일궜다. 이처럼 선조들은 달을 가까이 하고 좋아했다. 그런 까닭에 옛 선비들의 시가(詩歌)에는 태양보다 달이 더 많은 시적 소재와 주제가 되었다.

일년 농사를 수확하고 가장 청명하고 달이 밝은 밤을 그대로 보낼 수 없었던 것은 당연한 일이 아닐 수 없었을 것이다. 이러한 관념은 정월대보름날밤 쥐불놀이와도 관련이 있을 것으로 짐작된다. 태양은 낮을 만들고 달은 밤을 만든다. 하늘 높이 떠서 지상의 인간세계를 주관하기 때문이다.

흔히 여성성으로 상징되는 달은 우리 민족에게는 어쩌면 구원의 시간이고 공간이었을지도 모른다. 가부장제도에서 여성은 오늘날로 치면 사람이 아닌 하나의 도구로 바라본

측면이 있다. 여성은 혼례를 치루면 아이를 낳고, 양육하고, 집안일을 도맡았다. 뿐만 아니라 모진 시집살이 속에서도 밤에는 길쌈 노동을 피해갈 수 없었다. 길쌈이 없어도 직접 옷을 만들어 입던 시절이라 밤늦게까지 바느질하는 일은 빼놓을 수 없었다. 밤늦게까지 길쌈이나 바느질을 할 때면 함께 지새는 것은 교교한 달빛 뿐이었다. 수많은 여인네들에게 그 시절 달이 없었다면 얼마나 외롭고 고통스러웠겠는가. 달빛 아래에서 시어머니를 원망하고 운명을 한탄하면 오직 달만이 침묵으로 얘기를 들어주었을 것이 분명하다.

달은 한여름 따가운 뙤약볕을 내려쬐는 태양처럼 폭력적이지 않다. 암흑의 밤이 지나고 손톱만했던 달은 한 치의 오차도 없이 조금씩 몸을 불려나가다가 마침내 보름날이 되면 제 몸을 이 세상에서 가장 공평하고 원만한 모습으로 단장한다. 달은 보름날이 지나면 마치 기승전결(起承轉結)의 이치를 보여주는 사계(四季)처럼 인간의 일생을 닮아 서서히 소멸의 길을 향해 간다. 그런 달을 닮아 얼굴이 탐스러운 규수에게 큰며느리감이라고 했다. 일종의 찬사였다.

이제 세상도 변하고 인심도 변했다. 추석명절이 돌아와도 할머니가 되어버린 우리의 언니들은 강강수월래를 하지 못한다. 필자가 기억하고 있는 추석날의 정서는 전설이 되어가고 있다. 그럼에도 명절이 다가오면 낳고 자란 고향을 찾아 초원을 이동하는 누우 떼처럼, 어쩌면 무의식적으로 민족의 대이동을 하는 것은 우리의 핏속에 여전히 하늘과 땅과 조상님들께 감사한 마음을 드리는 유전인자가 깃들어 있기 때문일 것이다.

시대가 변했어도 우리 여성들에게는 여전히 또다른 길쌈과 바느질 노동이 있다. 그래서 즐거운 명절이 돌아와도 '명절증후군'이라는 것이 있다. 이번 명절에는 여성들에게도 감사하는 마음 하나를 더 보태어 그들이 둥근 보름달처럼 환한 미소를 짓도록 이땅의 남성들은 명절노동의 역꾼이 되었으면 한다.

보리수시낭송회와 구상 시인

내가 아는 지인은 서울에서 잡지사 주간으로 일하며 한 달에 한 번씩 열리는 '보리수시낭송모임'의 간사를 맡아 대학 때 보았던 화집들을 청계천 헌책방에 팔아 시낭송자료집을 만들곤 했다. 시낭송은 소리를 매개로 한 시읽기인 까닭에 시를 외우는 사람이 정확하게 발음을 해야 한다. 그런데 발음이 정확하지 않아 독자들이 시의 의미를 놓치는 경우가 많았다. 그래서 지인은 시낭송자료를 만들어 독자들에게 배포하였다.

'보리수시낭송모임'에는 상임시인이 있었는데 얼마 전에 돌아가신 황금찬 시인이 좌장이셨고, 홍윤숙 · 최은하 · 박현령 · 박재삼 · 이재호 시인 등이 고정 멤버였다.

'보리수시낭송모임'에 다녀간 시인으로는 서정주 · 김광림 · 구상 · 최하림 · 송수권 · 조정권 · 김남조 · 허영자 · 신달자 · 임영조 · 김영석 등 모두 기억할 수 없을 정도로 많다. 그 중에서도 가장 기억에 남는 사람은 구상 시인이다. 구상 시인은 화가 이중섭의 고향 친구로 6 · 25 전쟁 이후 힘들게 살던 이중섭을 도와준 사람이다. 더불어 우리나라 가톨릭을 대표하는 시인으로 말년에 장애인들을 위해 발간하던 《솟대문학》을 적극적으로 후원한 분으로 알려졌다.

지인은 박목월 시인이 창간한 《심상》이라는 문예지에서 1980년대 여름이면 박목월 시인의 아들 박동규 교수가 강원도 바닷가에서 '시인학교'라는 것을 처음 실시할 때 그 행사에 참여했다가 구상 시인과의 인연을 맺었다고 한다.

1980년대 후반, 세종문화회관 뒷골목인 당주동 미술학원 5층에 주로 6 · 25 한국전쟁에 참여한 문인들의 모임인 '한국전쟁문학회'라는 사무실이 있었다. 이 모임의 좌장은 구상 시인이었는데, 이곳에는 많은 문인들이 출입했다. 내가 아는 지인은 이곳에 자주 놀러갔는데 구상 시인은 늘 이곳에서 앉아 문인들과 담소를 나누었다.

구상 시인은 언제나 말수가 적었다. 특유의 콧수염과 얼굴에서 풍기는 인품이 점잖은 선비였다. 후배 문인들에게는 늘 자상한 아버지처럼 인자하게 대했다.

보리수시낭송회가 가까워지면 내가 아는 지인은 미술대학 때 보았던 화집들을 청계천 헌책방에다 팔아 을지로 인쇄골목에서 22쪽짜리 시낭송자료집을 제작하여 낭송회에 참여한 독자들에게 나누어주곤 했다. 모두가 가난한 시인들이라 지인이 앞장서서 보리수시낭송모임에 활력을 일으켰다. 그때의 문학적 열정이 훗날 광주에서 《시와사람》을 창간하는 원동력이 되었다고 회고했다.

보리수시낭송회는 한 달에 한 번씩 열렸다. 지인이 할 일은 매달 두 명의 시인을 선정하여 초대하는 일이다. 한 번은 구상 시인을 초대시인으로 모시기로 했다. 구상 시인께 다음 모임에서 시낭송을 부탁하려고 전화를 드렸다. "선생님, 보리수시낭송모임입니다. ○○일에 시낭송 부탁드립니다." 그러자 구 시인은 한참 동안 침묵을 지키더니 "나, 지금 슬퍼." 하시는 것이다. 그리고 이어지는 목소리가 갈아앉아 있다. 목소리에서 슬픔이 묻어났다. "오늘 큰 아이 산에다 데려다주고 왔어……." 지인은 처음에는 무슨 말씀인지 이해를 못했다. 그리고 곧바로 오늘 큰아들을 산에다 묻고 왔다는 것을 알아차렸다. 이렇게 황망할 데가 있겠는가.

지인은 지금도 그때 구상 시인께서 어떤 마음이었을까를 생각해 본다고 한다. 워낙 점잖은 분이라 그날 이후 선생의 마음이 창자를 끊는 마음이었을 것이다.

이후에 구상 시인은 보리수시낭송회에 오셔서 시낭송을 하고 말씀도 해주셨다고 하는데, 그 누구도 구 시인이 아들을 잃고 슬픔에 빠져 있다는 것을 몰랐을 것이다. 이후 지인은 훗날 광주로 내려와버렸다.

구상 선생은 이제 이 세상 사람이 아니지만 그를 생각할 때 해방 이후 원산에서 이른바 '응향'이라는 동인지 필화사건으로 월남한 것과 한국전쟁 이후 아내를 일본으로 보내고 슬픔과 가난에 허덕이는 그의 친구 이중섭에게 신문사 삽화를 그리게 했던 것, 그리고 우리나라 가톨릭문학에 기여한 문학세계와 장애우를 위해 헌신했던 따스한 마음들을 잊지 못한다.

살기 좋은 환경을 위하여

태평양에 섬이 떠다닌다고 한다. 지도에도 없는 섬이다. 자세히 보니 나무 한 그루 없는 이 무인도는 쓰레기가 뭉친 다국적 섬이다. 섬은 하나만 있는 게 아니라 여러 개인데 일본어가 적힌 병이나 비닐 등이 가장 많았고 영어, 중국어 심지어는 한글이 적힌 쓰레기도 있다고 한다. 참으로 어이없는 일이다.

오래된 옛날 바닷가에는 어쩌다 중국어가 적힌 빈 병이 고향 바닷가에서 발견하기도 했다고 한다. 중국에서 우리나라까지 건너온 빈 병이 신기하고 대견했다. 멀고 먼 서해바다를 작은 병 하나가 거센 파도를 이겨내고 우리나라까지 온 것은 하나의 사건이었다. 그런데 이제는 중국어 뿐만 아니라 일본에서 흘러온 쓰레기까지 발견되고 있다. 그것도 한두 개쯤이 아니라 귀찮을 정도로 많이 우리나라 바다를 오염시키고 있으니 문제가 아닐 수 없다. 상대적으로 우리나라 쓰레기가 인접국은 물론 미국 가까운 태평양 한 가운데에서도 발견되고 있으니 난감한 일이 아닐 수 없다.

옛날에 이웃나라에서 흘러온 빈 병 하나쯤이야 애교로 봐줄 수 있지만 이제는 우리나라 바다와 섬이 온통 어디선가 흘러온 쓰레기로 몸살을 앓고 있으니 환경오염에 대한 심각한 우려와 함께 우리 모두가 깊은 성찰이 요구되고 이에 대한 대처방안을 마련할 때이다.

농경사회에서는 쓰레기가 거의 없었다. 벼를 추수하면 볏짚은 이엉을 엮어 지붕을 덮었다. 또한 소의 여물이나 연료로 사용하였다. 농업부산물은 가축들에게 먹이거나 퇴비로 활용했다. 하지만 산업사회에 들어와 소비가 촉진되어 온갖 가공품이 생산되어 많은 쓰레기를 배출하게 되었다. 특히 1회용품 사용이 많아져 쓰레기가 넘쳐난다. 함부로 물자를 사용하고 근검절약에 대한 생각이 둔화된 까닭에 지천에 쓰레기가 넘치는 시대가 되었다. 무엇보다도 산업사회로 전환하여 소비중심으로 생활패턴이 변화된 것이 쓰레기 양산의 가장 큰 이유이다.

1970년대 까지만 해도 산자수려하고 아름다운 우리의 금수강산은 오늘날 쓰레기로 몸살을 앓고 있다. 관광지뿐만 아니라 사람의 발길이 닿는 곳이면 쓰레기가 쌓여있어 큰 비라도 올라치면 하천에는 별의별 쓰레기가 강물에 휩쓸려와 그것들을 치우는데 국고가 낭비되고 있는 실정이다.

바다도 마찬가지이다. 조업하다가 아무렇게 버린 폐기물이나 어구들이 바닷속까지 오염시키고 있다. 그물을 걷어 올리면 물고기 대신 어부들이 버린 쓰레기들이 그물에 걸려 올라오기 일쑤이다. 그래서 뜻있는 환경단체나 지자체에서 잠수부들을 동원하여 바닷속에 들어가 쓰레기를 치우지만 역부족이다. 휴가철 해수욕장도 마찬가지여서 밤새 먹고 마시고 버린 술병이나 오물들이 백사장에 뒹군다.

이렇듯 쓰레기가 넘쳐나는 우리나라의 자연환경은 이제 쓰레기매립장 문제를 걱정해야 할 판이다. 지역이기주의는 쓰레기매립장 신설을 반대하며 물러설 때까지 피켓시위를 행사한다. 소각장마저 포화상태이며 소각장 건설에도 많은 돈이 들어간다.

오래 전부터 가정에서 쓰레기배출을 해오고 있다. 종량제 쓰레기봉투를 사용하고 있지만 이것마저 잘 지켜지지 않는다. 밤에 몰래 쓰레기를 투기하거나 분리하지 않는 사람들이 너무나도 많다. 학교에서부터 쓰레기를 줄이는 방법과 분리수거교육을 실시해야 한다. 한 사람의 인간으로서 공동체적인 삶을 살아가기 위해서는 필수적으로 쓰레기를 줄이거나 분리수거는 당연한 의무이다. 조금 불편한 일이지만, 하나의 권리라고 생각하면 당연히 해야 할 일이다. 그런데 여전히 쓰레기를 혼합해 쓰레기봉투에 담는 사람들이 많다. 플라스틱, 비닐, 금속, 병, 종이 등으로 분리하게 되면 재활용할 수 있어 이익이 된다.

최근에 전원주택을 짓기 위해 시골에다 대지를 샀다. 그 땅은 지대가 낮아 전주인이 매립했다고 한다. 축대를 쌓기 위해 포크레인으로 땅을 파는데 온통 쓰레기투성이다. 플라스틱, 시멘트 벽돌은 물론 건축자재와 현수막, 옷까지 묻혀 있다. 그 위에 집을 짓는다면 쓰레기 위에서 사는 셈이 될 것이다. 건강에도 좋지 않을 것은 뻔한 일이다. 땅을 파헤쳐 쓰레기들을 모두 발굴했다. 눈에 보이지 않는 것이라고 함부로 쓰레기를 매립한 전주인이 야속하고 한심하게 여겨졌다.

우리의 자연환경은 우리가 지켜야 한다. 생명이 살 수 없는 환경에서는 인간도 살 수가 없다. 조금 귀찮고, 조금 돈을 아끼기 위해 몰래 쓰레기를 배출하는 일은 우리 스스로를 죽이는 일임을 생각해야 할 때이다.

나무들을 베어버리고 꽃을 심는다

지인은 아파트 창문 너머 커다란 메타세콰이어 나무에 까치 부부가 나뭇가지를 물어 날리며 집을 짓는 것을 보았다. 누가 가르쳐 준 것도 아닌데 사람은 도저히 흉내낼 수 없는 공법으로 부지런하게 집을 지었다. 지난 해 태풍이 불었을 때는 하루 종일 흔들렸지만 까치의 둥지는 끄덕없었다.

몇 해 전 아파트 주민들이 집에 그늘이 드리운다고 메타세콰이어 허리를 싹둑 잘라버린 적이 있었다고 한다. 그러자 까치집이 부서지고 새끼들이 추락해 죽었다. 그러나 잘린 메타세콰이어 상처에 또 다시 까치가 찾아와 집을 짓고 몇 해가 지나자 또다시 나무가 무성하게 자라 겨우 옛 모습을 회복해 가고 있다. 그 과정을 지켜보며 인간중심의 사고와 폭력성에 대해 마음이 아팠다. 그러면서 아무 말 없이 상처를 치유하는 자연의 끈질긴 생명력을 보았다.

지인이 퇴근하여 아파트를 들어서려는데 경비아저씨가 아파트 단지에 있는 메타세콰이어를 비롯해 커다란 나무들을 베어낼 것인지 아닌지를 의사표현하라고 했다고 한다. 세대별 호수와 '찬성' '반대'를 묻는 설문지에는 이미 '찬성'과 '반대'란에 동그라미가 표시되어 있다. 자세히 바라보니 나무를 베는데 대부분 '찬성'에 동그라미를 표시하고 '반대' 표시는 가뭄에 콩나듯이 눈에 띈다. 지인은 '절대반대'라고 썼다.

건립 초기에는 광주에서 가장 훌륭한 아파트였는데 이제는 가치가 절하되어, 나무들을 베어내고 화원을 조성하면 가치가 상승한다는 것이다. 그리고 나뭇잎이 떨어져 경비아저씨들의 수고가 더해진다는 것이다. 뻔한 답을 내어놓고 '큰 나무들을 모두 베어내자'를 유도하고 있었다.

지인은 아파트에 처음 이사 와서 나는 커다란 나무들을 보며 고향마을 앞 당산나무를 떠올렸다 한다. 매년 정월이 되면 오랜 세월 동안 마을의 안녕과 풍년을 기원하며 당산제를 지냈다. 이른바 신목(神木)으로 섬기며 마을 수호신으로 여겼다. 우리 조상들은 큰나무나 바위에는 영혼이 깃들어 있다고 믿었다. 그래서 마을사람들은 정화수를 떠놓고 소원을 빌었다. 신목이나 바위 앞에서는 몸가짐을 함부로 하지 않았다.

지인은 아파트에서 벌어지고 있는 일에 대해 분노하지

않을 수 없다. 옛날처럼 큰나무를 신앙의 대상으로 섬기자는 뜻이 아니다. 생명성에 관심과 배려를 가지라는 것이다. 여러 가지 불편함이 있다고, 작은 이익과 편리함을 위해 아파트가 지어지기 전부터 있던 수십 년 된 나무들을 쉽게, 그리고 함부로 베어도 된다고 생각하는 마음은 인간중심적 사고 때문이다. 인간중심적 사고는 탐욕이다. 그리고 이기적이다. 땅값이나 아파트값이 떨어진다고 이른바 혐오시설이 들어온다며 결사반대를 외치며 투쟁하는 모습을 언론을 통해 자주 만난다. 이럴 때마다 가슴에 바위가 내려앉는 느낌이 든다. 따지고 보면 유익한 것이거늘 혐오시설이라고 인식하는 자체가 문제이다.

인간중심적인 사고는 상대적으로 자연을 정복대상으로 여기거나 이익을 위해 무조건 개발을 불러온다. 아파트나 공장을 짓기 위해 함부로 자연을 훼손하는 일은 자연에서 살아가는 수많은 동식물들의 생존을 위협한다. 인간의 무분별한 개발과 문명을 통한 이기를 얻으려는 인간의 폭력은 오늘날 기후변화를 초래하여 자연생태환경의 교란을 불러오고 대기를 오염시키고 있다. 특히 우리가 현재 뼈저리게 느끼는 미세먼지 현상은 직접적으로 우리의 건강과 생명을 위협하고 있다. 그럼에도 불구하고 한치 앞을 내다보지 못하는 어리석은 인간들은 자신의 이익을 위해서라면 몸을 사리지 않는 것이 오늘의 세태이다.

나는 나무를 보면 설레이고 가슴이 뛴다. 생김새도 다르고 정직하며 언제나 푸르름이 생명성을 일깨운다. 형형색색의 꽃을 피우거나, 열매를 맺거나, 그렇지 않는다 해도 푸른 줄기에 물이 흐르는 소리를 듣는다. 나무는 새들의 안식처를 제공하거니와 온갖 생명체들이 나무에 기대어 살아간다. 마을 앞 당산나무는 여름날 그늘의 안식을 마련해주고 수호신 역할을 하기도 한다.

그런데 수십 년 된 나무들을 쉽게, 함부로 인간들이 생존의 문제를 결정한다는 것은 도저히 용납할 수 없는 일이다. 어쩔 수 없는 상황이라면 나무가 필요한 곳으로 옮기는 것도 방법이다.

인간의 이기와 탐욕이 지배하는 세상, 자연은 상처입은 것에 대해 반드시 보복한다는 것을 기억해야 한다. 조금 불편하더라도 인간과 자연이 상생할 때 인류의 미래는 더욱 살기좋은 세상이 된다는 것도 잊지 않았으면 한다.

책 읽는 사람이 아름답다

오랫동안 이용하던 헌책방 앞을 지나가는데 얼마 전까지도 있었던 서점이 깨끗하게 치워져 있었다. 키가 크고 빼빼 마른 노인이 수십 년째 운영하던 서점이었다. 그곳에서 몇 가지 희소한 책들을 발견했을 때는 기쁨이 컸었다. 이제 한 시대가 가고 새로운 세대의 시대가 오는가 싶은 생각이 스쳐갔다. 깨끗하게 치워진 서점 바닥의 빈 공간이 넓고 허전해 보였다. 헌책방이 사라짐으로 인해 나의 상실감이 커진 것 때문일 것이다.

옛날엔 광주고등학교 주변에 헌책방들이 제법 있었다. 그곳에 가는 것만으로도 어떤 충만감이 가득찼던 때가 있었다. 누군가가 읽은 책에는 밑줄이 그어져 있거나 메모가 있었다. 문장 아래 그어진 줄과 메모를 보며 먼저 책을 읽었던 사람의 비밀을 들여다보는 양 즐거움을 주곤 했다.

어떤 날은 아무 생각없이 서재에 꽂힌 오래된 책들을 펼쳐볼 때가 있다. 책 행간 사이에 그어진 밑줄과 메모에서 오래 전의 자신의 모습을 발견하고 상념에 젖기도 한다. 순수하고 열정이 넘치던 스무 살 언저리의 내 모습을 만나기도 한다. 책에 낙서처럼 남긴 흔적들은 기억을 간직하고 있어, 그때 읽었던 책에서 그때의 나의 삶의 서사와 사유 체계의 코드들이 암호처럼 풀려난다.

책은 사람을 키운다. 그래서 정신을 살찌운다. 책을 읽지 않으면 입안에서 가시가 돋을 정도로 날마다 책을 읽었다. 나에게 책은 존재방식과 삶의 양식이 되었다. 누군가의 경험과 일생을 송두리째 담은 책은 성찰과 통찰을 하게 하는 눈이 있다. 그 눈으로 세상을 향해 걸어가고 인간으로 태어난 기쁨을 충만하게 한다.

그러나 언제부터인가 점점 서점들이 사라져가고 있다. 대형 서점이 사라지고, 골목에 있었던 작은 서점들이 그 모습을 감추고 있다. 이러한 현실에 헌책방들이야 오죽하겠는가. 책을 읽는 사람들이 줄어드니 서점 또한 경영난을 견디지 못할 것은 너무 뻔한 일이다.

다행히 가끔씩 지하상가에서 헌책을 교환하는 것을 몇 번 보았다. 어떤 사회단체에선 헌책을 모아 도서지역이나 가난한 아이들에게 책을 보내는 운동을 펼치는 것이다. 내가 아는 지인은 1990년대부터 중국 동포 작가들에게 매년 한두 권씩 무상으로 책을 발간하여 보내고 있다고 한다. 동포 아이들이 우리의 언어를 잊어버릴까 걱정되기 때문이라고 한다. 또한 헌책들을 모아 용정에 있는 한글독서사에 보내기도 하였다. 그리고 곳곳에 작은도서관이 생기면서부터는 여러 출판사에 연락을 하여 책을 모아 기증해오고 있다. 이는 갈수록 책을 안 읽는 세태가 걱정되기 때문이다.

텔레비전이나 영상매체를 통해 얻는 상상력은 사고의 폭을 확장시키기보다는 오히려 사람을 바보로 만든다. 그저 바라보고 있으면 전개되는 영상매체는 수고하지 않고 얻으려는 상상력처럼 건조하고 그냥 아무런 메시지 없이 지나가 버리기 일쑤이다. 그리고 폭력적이고 선정적인 경우가 허다하다. 모름지기 독서는 문장 아래에 밑줄을 그으며 상상력의 방점을 찍을 때 행간 사이에서 다양한 사고가 펼쳐진다. 스스로 깊은 사색을 할 수 있고 창의적인 상상력과 균형있고 내밀한 양식을 제공한다.

대학교수를 하다가 정년을 맞으면 그동안 공부한 수많은 책을 고향이나 도서관에 기증하는 사람들이 많이 있다. 아주 희귀한 책은 물론 가치있는 책들이지만, 헌책들이 고물상에서 뒹구는 것들을 볼 수가 있다. 평생 연구하며 참고문헌으로 쓰인 책들은 누군가의 일생이 배어있는 것들이지만, 도서관에서도 받아주지 않는 헌책들은 애물단지로 전락하고 만다.

몇해 전 동네서점이 사라진다고 하여 텔레비전에서 소동이 일어났다. 인구 150만 명이 살아가는 대도시에 하나 있던 대형서점이 경영난으로 문을 닫아 위기를 느낀 방송사에서 기획한 프로그램이었다. 이후 대형서점 자리에 규모를 훨씬 줄인 서점이 다시 부활했지만, 겨우 참고서와 대학 구내서점에 납품하는 교재 중심의 서점이어서 크게 실망하고 말았다.

독서인구의 감소는 우리나라에서 노벨문학상 수상자를 배출하는 데도 걸림돌이 되고 있다. 해마다 노벨상이 수상자가 발표될 때마다 우리는 고은 시인의 이름이 발표되기를 수 년 째 기대했다. 나름대로 의미있는 분들이 노벨상을 수상한다. 그 분들의 작품성과와 고은 시인의 문학적 성과를 비교해 보면 고은 시인이 훨씬 훌륭하다는 생각이 들곤했다. 그런데도 이름만 무성할 뿐 정작 발표되는 이름은 이방인이다. 고은 선생의 작품이 노벨문학상 수상자들의 작품보다도 뒤지기 때문이 아니다. 놀랍게도 고은 시인의 시집은 한국에서도 잘 읽지 않기 때문에 독자의 폭이 좁기 때문에 노벨문학상에서 제외된다는 것이다. 책을 잘 읽지 않는 국민들 때문에 우리나라에 노벨문학상 수상자가 출현하지 않는다는 사실에 우리는 부끄러워해야 한다.

한 해가 다 지나가고 있다. 새해에는 어떻게 살 것인가? 무엇을 할 것인가? '책을 읽자'는 계획도 세워야 할 것 같다.

유토피아를 꿈꾸며

나는 특별나게 꽃과 나무를 싫어하지 않지만 지금까지 그것들에 대해 큰 관심을 가지지 않았다. 그런데 언제부턴가 자연이 내 마음 속에 드리워지기 시작하였다. 그렇다고 집에 화분을 갖다놓는다거나 꽃을 죽자사자하면서 관상하는 정도는 아니지만 왠지 모르게 자연이 좋아진 것이 사실이다. 이는 지금까지 삶을 좇아 살다보니 마음이 삭막해졌던 것 같다. 어찌된 일인지 언제부턴가 나의 시선이 자연에 머물러 있는 것을 보고 놀랬다. 세상에서 살아남기 위해 동분서주했던 나의 가슴 속에 자연이 스민 것은 나이 들어가면서 번잡함과 시끄러운 것이 싫어진 것도 하나의 이유가 될 것이다. 그래서 가끔 도회지보다 한적한 곳을 찾게 된다.

어쩌다 우연한 기회가 생겨 도시 근교에 작은 땅을 마련할 기회가 생겼다. 처음에는 그 땅과 주변 풍경에 큰 관심이 없었지만, 앞에 강이 흐르고 민가가 몇 채 있는 작은 마을이 있는 그곳이 좋아보였다.

마침 그곳의 옛주인은 꽃과 나무를 무척이나 좋아해 수많은 꽃과 나무가 자라고 있다. 살구, 석류, 자두, 복숭아, 앵두, 무화과, 오디나무, 키위, 감나무, 대추나무, 호두나무, 사과나무, 블루베리, 매실나무, 포도나무, 그리고 명자나무, 황칠나무, 치자나무, 무궁화, 태산목, 단풍나무, 이팝나무, 먼나무, 금목서, 은목서, 동목서, 엄나무, 백화나무, 동백나무, 능소화, 등나무, 온갖 종류의 장미, 라일락, 철쭉, 진달래, 소나무, 느릅나무, 쥐똥나무, 화살나무, 탱자나무, 호랑가시나무, 산딸나무, 소사나무, 배롱나무, 목해당화, 불두화, 조팝나무, 목단, 작약, … 이름만 불러도 나는 그것들의 모습이 떠오르고 금세 행복해진다. 그 뿐이겠는가. 다 호명하기 힘든 온갖 화초들이 때가 되면 피고지니 그야말로 낙원이다.

그곳에는 아직 집이 없다. 우선 조경만 해두었다. 때가 되면 집을 지을까 생각중이다.

그 마을에 가면 왠지 무슨 즐거운 일이 일어날 것만 같다. 정치판의 무겁고 시끄러운 이야기는 없다.

지난 봄에는 생울타리로 심어진 동백나무 숲에 이름을 잘 알 수 없는 작은 새가 둥지를 틀고 새끼를 키우기도 했다. 언제부턴가 숲이 우거진 숲속엔 새소리가 많아졌다. 그렇지만 전혀 시끄럽지 않다.

마당가에 정자 하나가 있다. 마을사람들이나 강을 찾은 낚시꾼들의 쉼터가 될 것 같다. 번잡하지만 번잡하지 않다. 그들과 무슨 이해관계가 없기 때문이다. 정자에 앉아있으면 강 건너에서 완행열차가 지나간다. 하루에 대여섯 번씩 우리 집 정원의 들이며 숲을 건너 완행열차가 하나의 풍경이 되어 느릿느릿 지나간다. 이 마을에 와서 지금까지 느껴보지 못한 진정한 삶의 즐거움을 느껴보는 것 같아 땀 흘리고 힘들어도, 온 몸이 햇볕에 시커멓게 그을렸어도 행복하다.

그곳에 혹시라도 작은 집을 짓게 되면 만 권의 책을 갖다놓고 낙향한 옛 선비들이 그랬던 것처럼, 좋은 사람들과 가끔 만나 인문학을 이야기하고, 자연과 인간의 아름다운 관계를 노래하고자 한다.

우리가 문명을 떠나 산에 오르고 자연을 찾아가는 것처럼 미래의 발전을 위해, 인간의 진정한 삶과 존재의 가치를 위해 잠시, 모든 것 놓고 휴식하는 삶을 살아보는 것도 의미 있는 일이 될 것이다.

제3부

작지만 가치있고 소중한 것

생명을 위협하는 쓰레기 대란

우리나라는 언제부턴가 폭우가 쏟아지면 강 상류로부터 쓰레기가 떠밀려와 골칫거리이다. 한 예로 최근 중부지방에 내린 폭우로 인해 충청권 식수원인 대청호에 쓰레기가 유입되어 쓰레기를 치우느라고 야단이다. 전국에서 가장 많은 1만5천㎡의 쓰레기가 대청호를 위협했다. 대청호를 식수원으로 활용하는 주민이 450만 명이나 되고 있어 주민들이 불안해하는 것은 당연한 일이다.

지난 3일 대청댐으로부터 상류 40㎞ 지점인 충북 옥천군 군북면 석호리의 대청호 부유물 작업장에서는 포크레인이 물가에 모인 쓰레기를 육지로 퍼 올렸다. 그런데 설상가상으로 부유물 차단막을 누군가가 잘라버려 부유물이 대청호에 흩어지고 말았다. 다시 부유쓰레기를 모으는데 힘을 쏟아야 했다.

호수 안쪽에서 끌고 온 부유물을 포크레인이 떠올려 분류작업을 하는데, 목재와 초본류는 땔감이나 퇴비 원료로 쓰고 빈 병이나 플라스틱 같은 생활쓰레기는 재활용업체나 쓰레기 처리장으로 보낸다. 그러나 부유물을 처리하기 위해서는 수많은 예산이 들어가고 부유물을 치우는데 2주 정도의 시간이 소요된다고 한다. 그러므로 2주 안에 부유물을 치우지 않으면 강바닥으로 가라앉아 썩게 된다. 그렇게 되면 대청호를 식수원으로 사용하는 충청권 시민들의 건강을 위협할 수밖에 없다. 생명의 근원이며, 생명 그 자체인 물이 오염되면 생태계가 파괴되는 일은 불을 보듯 뻔하다. 녹조현상이 가장 두드러지는 현상이다. 녹조는 수질을 심각하게 오염시켜 당장 음용수의 질에 크게 영향을 끼친다.

쓰레기 문제는 육지에서만 발생하는 것이 아니다. 바다에서도 골칫거리이다. 인간이 소비하고 아무렇게 버린 쓰레기들이 바다로 흘러들어 바닷속은 물론 우리나라 연안의 섬을 심각하게 오염시키고 있다. 수십 년 전까지만 해도 김장철에는 밭에서 수확한 배추를 절이기 위해 바다로 가지고 갔다. 그때는 청정해역이어서 바닷물이 맑고 깨끗했다. 바다에서 배추나 무를 씻어 김장을 했다. 바닷물에 저절로 간이 된 배추나 무는 오히려 그 맛이 좋았다.

그러나 산업사회에 들어 육지의 공장에서 버린 오폐수와 가정의 생활폐수, 그리고 축산농가에서 흘러드는 침출수 등이 바다를 오염시키고 파괴하고 있는 실정이다.

쓰레기 문제를 이대로 방치하게 되면 우리나라 연안은 물론 지구상의 모든 해양생태계는 오래되지 않아 다시는 복구할 수 없는 지경에 이를지도 모른다. 끝이 보이지 않는 인간의 탐욕은 갈수록 그 정도가 심해지고 있다. 인간은 산업혁명 이후 오직 '인간의 이익'만을 추구해왔다. 그것이 바로 '근대'의 본질이다. 자연을 철저하게 인간의 것인 양 약탈했다. 석유를 개발하여 석유로 인한 전쟁의 덫에 빠져들게 하여 지구촌이 단 하루도 총성이 멈춘 날이 없었다. 그리고 석유로 인해 푸른 별 지구는 이산화탄소를 배출하여 점점 뜨거워지고 있다. 수십 년 만의 최악의 무더위와 가을철에 공격해오는 미친 태풍은 일본열도를 강타해 많은 목숨과 재산을 빼앗았다. 올겨울 또한 기상이변이 일어날 것이 예상된다. 이러한 기상이변은 인간의 탐욕이 부른 결과이다. 인간의 탐욕은 기상이변과 더불어 많은 쓰레기 문제를 낳고 있다. 그 결과 지구는 기상이변과 쓰레기 문제는 점차 멸망의 길로 치닫고 있는지도 모른다.

이러한 상황을 바라보면 마치 브레이크가 고장난 열차가 죽음의 질주를 하는 것 같아 지구의 미래가 두렵다. 대청호를 비롯한 곳곳에서 발생하고 있는 쓰레기 문제는 함부로 소비하고 함부로 버린 인간의 양심에서 기인한 것이다. 우리 모두가 마음을 가다듬고 함부로 소비하지 않은 절제된 삶을 영위하며 분리수거 등 쓰레기를 제대로 관리하는 일 하나만으로도 점점 푸른 빛을 잃어가는 지구를 살릴 수 있을 것이다.

미세플라스틱

아침 일찍 문자메시지를 통해 그린피스가 미세프라스틱이 우리나라에서 생산되는 소금에도 많이 포함되어 있다는 소식을 전해왔다. 그동안 우리는 미세먼지의 유해성을 수없이 들어왔다. 일기예보에서도 미세먼지와 관련한 예보를 하고 있을 정도이다. 그러나 여전히 미세먼지 해결방안은 아득하기만 한데, 듣도보도 못한 미세프라스틱이 단 하루라도 먹지 않으면 살 수 없는 소금에서 검출되고 있다하니 도대체 안심하고 먹을 수 있는 식품이 있기는 하는지 두렵고 무거운 마음이다.

살펴보면 우리의 생활속에 플라틱이 깊숙이 자리하고 있다. 집에서 사용하는 컵, 밥그릇, 물병, 밥통은 물론 반찬용기, 음식포장용기, 음료수병, 화장품용기, 하다못해 파리채까지 플라스틱이 아닌 것이 없다. 옛날에는 놋그릇과 사기그릇, 유리그릇이 주를 이루었는데 언제부터서 우리는 플라스틱에 포위당한 채 살고 있다.

주지하다시피 플라스틱은 우리 몸의 호르몬을 교란하여 여러 가지 질병을 유발시킨다. 한 예로 식욕억제기능을 막아 비만을 유발시켜 우리 사회의 커다란 문제를 일으키는 요인으로 작용하고 있다.

그런데 홈쇼핑에서 판매하는 제품들은 플라스틱과 관련되지 않은 것이 없을 정도로 플라스틱이 천지이니 이대로 방치했다가는 플라스틱으로 인한 문제는 아주 심각해져 되돌리기 힘들 정도의 피해를 볼 것이다.

그 중에서도 우리가 전혀 예상하지 못한 소금 속에 미세플라스틱이 들어있다니 더욱 경각심을 가져야 한다. 인천대학교 해양학과 김승규 교수팀은 국제환경단체 그린피스와 함께 바다의 플라스틱 오염과 일상에서 소비되는 소금오염의 상관관계를 보여주는 논문 '식용소금에 함유된 미세플라스틱의 국제적 양상;해양의 미세플라스틱 오염 지표로서 해염'을 최근 발표하였다.

이 연구는 총 6개 대륙 21개 국가 및 지역에서 생산된 39개 브랜드 소금을 분석하였는데, 우리나라에서 생산, 소비되는 3개 브랜드 천일염도 분석했다. 조사대상 소금 39개의 생산지는 미국 · 독일 · 영국 · 이탈리아 · 브라질 · 베트남 · 대만 · 벨라루스 · 불가리아 · 세네갈 · 인도 · 크로아티아 ·

인도네시아 · 태국 · 파키스탄 · 프랑스 · 필립핀 · 헝가리 · 호주 · 한국 등으로 소금 1kg당 발견된 미세플라스틱의 최대 입자 수는 해염 13,000여개, 호수염 400여개, 암염 100여개로 나타났는 바, 바다에서 생산된 소금에서 미세플라스틱이 가장 많이 검출된 것은 그만큼 바다가 가장 많이 오염됐음을 말해준다.

중국에서 생산된 소금에서 가장 많은 미세플라스틱이 발견되었으며, 인도네시아가 그 뒤를 이었다. 대체적으로 아시아에서 생산된 소금에서 미세플라스틱이 많이 검출되었다. 그만큼 오염이 심각하다는 증거이다. 조사대상 39개 브랜드 소금을 모두 합친 후, 이를 세계 평균 일일 소금 섭취량인 10g씩 먹을 경우 매년 200개의 미세플라스틱 조각을 함께 삼키는 셈이 된다. 2,000여개의 미세플라스틱 오염도가 유독 높은 인도네시아 천일염을 제외하더라도 연간 수백 개의 미세플라스틱이 소금을 통해 우리 몸속에 들어오는 것을 피하기는 힘들다. 특히 세계에서 소금섭취량이 가장 많은 우리나라 사람들에게는 매우 위협적일 수밖에 없다.

물론 소금을 통한 미세플라스틱의 섭취는 대략 6% 정도이지만 경각심을 가져야 함은 당연하다.

이제 우리는 미세먼지 뿐만 아니라 미세플라스틱조차 우리를 위협하고 있음을 자각하고 다양한 경로로 우리의 생명을 위해하는 플라스틱 쓰레기와 생활속에 만연한 플라스틱제품 사용을 자제해야 한다. 아무런 생각없이 아침마다 사용하는 샴푸와 물병을 무엇으로 대처할 것인지를 고민해야 한다.

근본적으로 미세플라스틱의 노출을 줄이기 위해 근본적으로 플라스틱 배출환경을 통제하고 플라스틱 폐기물을 줄이는 것과 같은 예방적 조치가 중요하다 하겠다. 더불어 플라스틱 문제를 해결하기 위해서는 정부가 앞장서서 더욱 강력한 규제를 통해 일회용 플라스틱을 퇴출해야 한다. 그리고 가장 중요한 것은 환경오염문제 전반에 관한 교육을 유치원에서부터 교육하여 실천할 수 있는 토대를 마련해야 한다. 그린피스에서도 플라스틱 쓰레기가 없는 세상을 만들기 위해 캠페인을 진행중인데, 플라스틱 생산을 줄이고 정부가 실효성 있는 규제법안을 만들도록 이어나갈 참이다. 모든 국민이 동참해나갈 때 우리 국민의 건강도 책임질 수 있을 것이다.

인간과 동물이 함께 사는 법

시골에 가면 답답한 도시생활을 접고 귀촌하고 싶어진다. 이렇듯 내 마음이 편안해지는 것의 밑바닥에는 '자연'이 주는 꾸밈없는 모습일 것이다.

겨울이 지나고 봄이 오니 온 집안이 그야말로 꽃대궐이다. 매화꽃과 산수유로 시작하여 요즘에는 하얀 펜스로 둘러쳐진 울타리에 빨강, 분홍, 노랑, 찔레장미 등이 만발하여 그곳에 가면 마음이 정화되어 마치 어린 시절 교회에서 첫 세례를 받은 것처럼 마음이 순해진다.

그런데 이처럼 아름다운 나의 전원에 무법자가 나타나 골치가 아프다. 이웃집에 혼자 사시던 할머니가 도시의 자식에게 돌아가면서 미처 챙기지 못한 짐승들 중 토끼 두 마리가 뛰쳐나와 우리 집에서 살고 있다. 남의 집 채전 밭과 어린 꽃잎을 마음대로 식사하는 일이 죄가 되는지를 모르는 토끼들이 마음껏 누비고 다니는데 사방천지에 까만 토끼 똥이 널브러져 있다.

시골에는 용맹스러운 진돗개 부부가 있지만 줄에 묶여져 있어 그저 발만 동동거린다. 처음에는 개를 보고 질겁하던 토끼들은 점차 야생화 되어가면서 쇠줄에 묶여있는 개들이 종이 호랑이라는 것을 눈치 채고 가까이 다가가서 꽃이 피기 전의 연한 꽃나무들을 모조리 뜯어먹어 버렸다.

해마다 그랬듯이 오이, 고추, 호박도 몇 주 사다가 빈 터에 심었는데, 갈 때마다 흔적도 없이 먹어치워 버렸다. 그것도 한두 번의 일이 아니어서 토끼를 생포하기로 작정하였다. 토끼들은 지척에 있는데도 잡으려하면 잽싸게 도망을 가버린다. 특히 개들이 있는 곳에 산처럼 쌓여진 커다란 바위 틈새로 들어가 버리니 뾰족한 방법이 없다. 그러다가 어느 날은 개들을 풀어 겨우 한 마리를 생포하여 지인에게 보냈다.

잡힌 녀석은 털이 흰색이어서 매우 아름답다. 여태껏 잡지 못한 녀석은 회색빛 털이다.

회색토끼는 날로 진화를 거듭하여 도저히 잡을 수가 없다. 바위 틈으로 들어갈 때면 별별 짓을 다 해보다가 소화기 여러 개를 바위 틈에 분사하기도 하였다. 그런데 다시 시골에 가보면 멀쩡하게 살아서 한창 자라는 열무 잎을 모조리 뜯어먹어 버렸다. 이를 볼 때마다 기가 차서 말문이 막혔다. 먹이로 유도하여 생포할 요량으로 철물점에서 덫을 사다가 미끼를 놓았다. 이 녀석은 그것이 저를 생포할 무기라는 것쯤은 훤히 아는 것 같다.

그동안 토끼들이 나의 영역을 침범했다고 하여 생포하기 위해 동분서주했던 나의 모습이 철딱서니 없어 보였다. 물론 인간적으로 화가 날 수도 있었겠지만, 토끼들과 나와의 대결은 동물과 인간의 갈등을 나타내는 상징적인 사건일 뿐이다. 모든 살아있는 것에는 영혼이 있다고 믿는 무속신앙이 아니더라도 생명체들의 등가에서 인간만이 특별하게 월등하다는 생각을 버려야한다. 그런데 오늘 우리 인간의 삶을 들여다보면 이 세상 모든 것의 중심에 인간이 놓여있다. 흔히 애완동물을 키우다가 버리는 것이 그 대표적인 사례가 될 것이다. 애완동물을 하나의 기쁨조로 인식했기 때문이다. 시간이 흘러 애완동물이 아프거나 늙어 쓸모없어지면 '가족'까지는 아니더라도 오랜 시간 같이 지내온 세월 속에 배인 인정과 기쁨조차 '나 몰라라' 하고 길에 애완동물들을 버린다.

자신이 키우던 개를 차에 매달고 달리는, 도저히 인간으로서는 이해하기 힘든 동물학대자들이 심심치 않게 뉴스에 등장한다. 도대체 무슨 생각으로 동물학대자는 가족 같은 생명을 차에 매달고 달릴 생각을 했을까!

최근 뉴스에서도 또 다시 그런 모습이 방송되었다. 인간의 마음속에 천사만 사는 세상은 요원할 것인가? 마음에 악마가 깃드는 것은 혼자만의 책임이 아니라는 생각이 든다.

누군가를 위하는 마음으로 세상을 바라보고 이 세상을 따스하게 서로 바라볼 때, 비로소 인간과 함께 살아가는 반려동물은 물론 사육하는 짐승들도 그 존재감이 인간과 똑같은 등가로 여겨질 것이다.

아직 마음속에서 우리 집 꽃들과 채전 밭을 마구 휘젓고 다니는 토끼와 어떻게 관계를 지을 것인지, 그래서 토끼를 지금처럼 놓아 살게 할 것인지, 다른 한 마리처럼 생포하여 인간의 배려 아래 키울 것인지를 좀 더 생각해 봐야겠다.

플라스틱 시대를 살아가기

30년 전쯤, 일회용비닐봉지가 사용되기 시작했다. 지인의 할머니는 사용한 일회용비닐을 깨끗이 씻어 빨랫줄에 집게로 고정시켜 말리곤 했다. 바람이 불면 빨래 대신 비닐봉지들이 바람에 나부꼈다. 그 집 손주는 그것이 부끄럽고 창피해 비닐봉지를 빨랫줄에서 뜯어내기 일쑤였다. 일회용비닐봉지가 버리기에 아까워 다시 사용하곤 했다. 나는 지인의 할머니와 같은 마음이었다. 비닐을 한 번 쓰고 버리는 것이 너무 아깝다는 생각이 들었다. 그런데 세월이 흘러 나는 어느새 그저 일회용품이라는 생각에 젖어들어 한 번 사용한 것은 버리기 일쑤다.

일회용품은 비닐봉지뿐만 아니라 없는 것이 없을 지경이다. 특히 음식을 담고 포장하는 것들에 일회용품들이 많이 사용된다. 외국인들이 우리나라에 와서 가장 신기한 것

중 하나가 배달문화라고 한다. 전화나 애플리케이션을 이용하면 오토바이를 탄 배달부가 시도 때도 없이 음식을 배달해주니 참으로 편리하다고 느낄 것이다.

그러나 자세히 들여다보면 일회용품들이 너무 많이 소비되고 있어 걱정이 된다. 일회용품 중에는 특히 플라스틱이 많아 큰 문제다. 알다시피 플라스틱은 환경호르몬을 통해 사람의 인체에 많은 해를 주고 있기 때문인데, 사람뿐만 아니라 동물에게도 심각한 문제를 일으키고 있다. 최근 태평양에서 고래가 죽었는데 수많은 플라스틱용기가 고래의 배 안에 가득 차 있었다고 한다. 우리나라 연안에서 잡은 물고기에게서도 배 안에 플라스틱이 들어있는 것을 발견하는 일은 신기한 일도 아니다. 심지어 조류의 배 안에서조차 비닐이나 플라스틱이 발견된 경우도 흔한 일이 되어버렸다.

주지하다시피 플라스틱이 자연에서 분해되려면 수백 년의 시간이 필요하다. 그런데 우리 생활 속에 플라스틱 없이는 살 수 없는 시대가 되어버렸다. 그래서 어떤 학자가 인류의 역사를 석기시대, 청동기시대, 그리고 현재를 플라스틱시대라고 구분할 정도로 플라스틱은 만연의 재료가 되어 우리의 삶 깊숙이 침투해 있다. 가볍고 가격이 저렴하기 때문이다.

앞에서 말한 것처럼 우리나라를 '배달의 민족'이라고 부른다. 그만큼 무엇이든지 배달해주기 때문이다. 배달의 종류를 살펴보면 치킨과 분식류가 가장 많은데 도시락, 족발, 김밥도 배달의 주류에 속한다. 그런데 문제는 많은 플라스틱 용기와 수저들이 사용되고 있는데 회수가 전혀 되고 있지 않다는데 있다. 예를 들어 죽집에 음식을 주문하면 죽을 담는 비교적 큰 용기에서부터 서너 가지의 반찬과 동치미, 그리고 수저 등 6~7개의 플라스틱 용기가 사용된다. 도시락을 시켜도 이와 비슷하다. 밥을 담는 용기, 반찬을 담는 용기, 된장국 용기, 그리고 각종 소스와 수저 등이 사용된다. 도시락에서는 반찬가짓수에 맞춰 디자인한 플라스틱 용기를 사용하다 보니 자연히 플라스틱 용기가 많아질 수밖에 없다. 또한 한국인의 식생활 특성상 된장국을 담는 용기도 필요할 수밖에 없는데 배달업체를 통해 음식을 배달하다보니 다회용기를 사용하더라도 용기를 회수하는 것은 실질적으로 불가능한 현실이다.

환경부가 지난 8월부터 커피전문점에 일회용컵 사용과 빨대사용을 금지하면서 매장내 일회용 플라스틱컵 사용은 많이 줄고 있지만, 그러나 포장용을 주문한 손님들에게는 여전히 일회용 플라스틱과 비닐을 사용하고 있어 개선책이 시급하다. 그런데 웃지 못할 일은 국회의원들이 일회용 플라스틱을 사용하지 말자고 하면서도 국회에 있는 커피숍에서 오히려 일회용품을 많이 사용하고 있다하니 말보다는 실천이 더 중요하다는 것을 깨달았으면 한다.

'배달의 왕국'이라고 불릴 만큼 배달과 테이크아웃 수요가 급장하면서 관련 일회용품은 폭발적으로 늘고 있지만 규제와 대책은 전무한 상태여서 빨리 대책을 만들어야 한다. 이는 갈수록 배달앱 시장의 규모가 팽창하고 있기 때문이다. 배달앱 시장의 규모를 살펴보면 2013년 3,347억 원이던 것이 현재는 3조원 규모로 5년새 10배 가량 커졌다. 이용자수도 87만 명에서 2,500만 명으로 불어났다. 하루 평균 주문건수도 100만 건 정도라고 한다. 배달앱 이용자 수가 이러할진대 그 외 다른 방법으로 주문하는 고객의 수까지 합한다면 엄청날 것이다.

누군가의 말처럼 우리는 플라스틱시대 시대를 살고 있다. 그러나 청동과 철이 인류의 문명을 발전시킨 혁명이 되어 엄청난 변화와 발전을 주었지만 오늘 플라스틱 시대라는 말이 달갑지 않은 것은 플라스틱이 청동과 철처럼 결코 유익한 것만은 아니기 때문일 것이다. 정부에서는 플라스틱을 대처할 수 있는 방안과 법제정을 통해 규제를 만들어 보다 행복한 시대로 이끌기 바란다. 또한 시민들도 이에 호응하여 플라스틱 사용을 자제하고 관리를 철저히 하는 생활습관을 가져야 하겠다.

생명력이 넘치는 봄날의 환희

어제는 오랜만에 햇살이 좋고 시야가 확 트여 가슴까지 후련하다.

잠시 시간을 내어 시골에 갔다. 이곳은 광주시내보다 평균 3°쯤 기온이 낮아 이제사 산수유 · 매화꽃이 피기 시작한다. 벌이 웅웅 소리를 내며 매화꽃 사이를 날아다니는 모습에서 따스한 봄날임을 실감한다.

집앞의 강물도 길고 긴 한 해의 여정을 시작하듯 겨울잠에서 깨어나 물소리를 내며 힘차게 흘러간다. 강 건너에는 이따금씩 완행열차가 지나가는데 마치 우리집 마당으로 지나치는 것이 마당으로 기차가 지나가는 듯하여 분주한 하루 속에서도 이곳에 오면 한가로워지고 마음이 평안해져 여유가 생긴다.

지난 초겨울 땅이 얼기 전에 읍내의 어떤 어르신이 매화나무를 모두 캐어내겠다고 하여 특별히 부탁하여 품새가 좋은 열여섯 그루를 이틀에 걸쳐 우리집 이곳 저곳에 심었다. 열 그루는 집 안에 심고 여섯 그루는 집 밖에 심었다. 담장 밖에 여섯 그루를 심은 것은 마을 사람들이나 길가는 사람들에게 꽃이 피면 꽃을 완상하고 열매가 맺으면 나누어가라는 까치밥의 심정으로 내놓은 것들이다.

이제 십년이 갓 넘은 매화나무라서 나무의 세력이 매우 왕성하기도 하지만 지난 겨울이 무척이나 따스하여 매화나무들이 모두 건강하게 봄을 맞고 있다.

집안에 온갖 나무와 화초들이 넘쳐나지만 내가 십 수 년 된 매화나무를 옮겨 심은 것은 열매보다도 꽃을 완상하기 위해서이다. 올해는 겨울이 실종되다시피 하여 몹시 서운한 것은 눈 내리는 날 눈 속에서 매화꽃이 피어나며 향기를 품어내는 것을 보지 못했음이다.

어쨌든 나는 매화꽃이 만개한 한적한 시골에 와서 잠시 찌든 세사의 일을 잊을 수 있어서 좋다. 뿐만 아니라 작년 봄에 심은 산수유가 올해는 풍성하게 피어난 것이 나를 기쁘게 한다. 그리고 별의별 나무들이 마른가지에서 움을 틔우고 있거나 꽃망울을 맺혀가고 있는 모습들에서 내가 살아있음을 느낄 수 있으니 과연 봄은 부활과 재생의 계절, 생명의 계절이라는 것을 절실하게 느끼면서 삶의 의욕을 다시금 느끼게 되는 지금이 일년 중 가장 아름다운 계절이라는 생각이 든다.

주말을 이용해 인부들을 동원해 나무들의 가지를 자르고 퇴비를 사다가 나무마다 적당량을 뿌려주었다. 지난 주에 이어 이번 주에도 수십 포의 퇴비를 사다가 '올해는 더욱 건강하게 잘 자라라' 하는 마음으로 전지질을 하고 퇴비를 뿌려주었다.

그러는 동안 찾아온 봄은 햇살조차 부드럽다. 바람결도 많이 순해졌다. 이 모든 것을 조물주가 주관한다는 것을 나는 잘 안다.

조물주는 참으로 신묘한 분이다. 이 세상 살아있는 생명들의 활동을 주관하고 일년 중 단 한 번은 가장 아름다운 것을 피어나게 하시는 마술을 부리는 분이다.

우리 인간의 삶도 마찬가지이다. 생로병사의 과정을 통해 세상의 희로애락의 감정들을 주관하시는 분이 조물주이시다. 조물주의 깊은 속내를 알 수는 없지만 우리 인간들도 틀림없이 조물주의 계획아래 이 세상에 태어나 살다가 죽어가는 것이 불변의 진리이며 순리이니 그것을 거역할 사람은 아무도 없다.

나에게는 50년도 더 맞는 봄이지만 봄은 늘 새롭다. 해마다 반복되는 봄 안에서 성장하는 것들도 지난 겨울 비닐하우스 속의 봄동과 시금치, 그리고 노지에 심은 양파와 쪽파 등 지난 해와 다를 것이 없지만 봄은 지난 봄과는 다르게 언제나 인간에게 새로운 희망과 즐거움을 선물한다.

인간에게도 봄이 있다. 청년시절을 봄이라고 한다. 그 봄을 봄으로 인식하지 못하고 그냥 지나치는 사람들을 볼 때 참으로 안타깝다. 봄의 상징이 희망이거나 꿈이라면 그것을 위해 최선을 다해도 희망과 꿈 가까이 가지 못한 경우가 허다하거늘 단 한 번밖에 주어지지 않는 봄을 우리 청년들은 슬기롭게, 그리고 알차게 보내야 훗날 후회하지 않을 것이다.

오래 전에 인생의 봄을 지나쳐버린 어르신들이 흔히 '회춘(回春)'을 꿈꾸지만 인생의 오전에 맞는 청춘의 봄은 절대로 다시 돌아오지 않는다. 내게도 분명 봄날이 있었지만 나는 그것을 온전히 나의 것으로 만들지 못했어도 안타깝게 생각하지 않는다. 이순을 넘긴 나이지만 내가 올 봄에 완상하는 매화꽃처럼 아름다운 향기와 더불어 씨알이 굵은 시디신, 그러나 사람들에게 좋은 열매를 맺기 위해 내가 하는 일에서 날마다 봄날을 맞고 있기 때문이다.

양날의 칼, 불을 잘 이용하자

2019년 프랑스 파리에서 일어난 화재는 세계인을 충격에 빠트렸다. 화재가 난 곳이 파리의 상징이랄 수 있는 노트르담성당이었기 때문이다. 856년 동안 중세 이후 프랑스 역사를 담아온 대표 유적지이자 고딕 건축양식의 정수인 이 건물이 불탈 때 우리는 십 수 년 전 화재로 서까래가 주저앉던 숭례문이 떠올랐다. 깊은 상실감으로 온 국민이 몹시도 가슴아파했다. 프랑스 국민들의 상실감도 이와 다르지 않을 것이다.

화재는 주로 겨울이나 봄 등 건조한 날씨에 많이 발생한다. 시골집에 가면 면사무소에서 하는 봄철 화재 예방 방송이 거의 날마다 확성기를 타고 들려온다.

유년의 내 기억 속에는 몇 건의 화재가 있다. 그때는 대부분의 집들이 초가여서 화재가 나면 전소하기 일쑤다. 학교

갔다가 돌아오는 길에 언덕을 다 올라왔을 무렵 치솟는 연기에 누구네 집에 불이 났는지 불안해하던 기억이 있다. 다행히 우리집은 아니어서 가슴을 쓸어내렸지만 이웃집이 모두 불에 타버려 오랫동안 불에 탄 냄새를 맡았다.

불과 관련된 이미지, 또는 기억은 나에게 매우 불행한 것들로 파편화 되어있다. 정월 대보름날 돌리던 불 깡통이나 축제 때 터뜨리는 폭죽처럼 아름답게 각인이 되어있지 않은 것은 유난히도 잦았던 고향마을의 화재들 때문이 아닌가 싶다.

옛날부터 "봄 불은 여시불"이라고 했다. 그래서 불조심하자고 귀가 아프게 들어왔다. 그런데도 봄이 되면 어김없이 화재 소식이 끊이지 않는다.

십여년 전 강원도 동해에 사는 시인으로부터 목기 하나를 선물 받았다. 술병 형상을 한 나무 그릇은 뚜껑까지 있는데 그릇 한쪽이 불에 탄 흔적이 역력하다. 무슨 나무인지는 잘 모르겠지만 워낙 단단한 나무여서 불에도 견딜정도면 보통 흔한 나무는 아닌 듯 싶었다. 이 목기는 당시 몇 달 전 강원도 일대를 휩쓸고 간 화마를 견딘 나무였다. 이 목기를 볼때마다 동해안 지역의 산불이 떠오른다. 올해도 예외는 아니어서 여의도 면적의 몇 배쯤 된 살림이 불에 타버렸다고 한다.

산불이 나면 건조해진 산림이 순식간에 사라져버리는

데, 산에서 사는 야생동물은 물론 재산과 인명 피해를 입힌다. 그러므로 산불이 날 때마다 왜 연례행사처럼 반복되는지 답답할 뿐이다.

우리나라 동해안과 더불어 거의 연례행사로 발생하는 것이 미국 서부 지역의 산물이다. 세계적인 초강대국도 산불 앞에서는 아무런 힘을 쓰지 못하는구나 하는 생각이 든다. 많은 소방인력과 헬기까지 몇날며칠을 화재진압에 동원하고 서야 겨우 불길을 잡는 것을 볼 때 산불을 자연재해로 볼 것인가 하는 생각이 든다. 미국의 경우 워낙 커다란 산불이어서 인명과 재산피해가 우리나라의 산불과는 비교가 되지 않기 때문이다.

필자 생각으로는 산불처럼 커다란 화재에 대한 예방은 시민 모두가 화재에 대한 경각심을 갖고 조심하는 방법 밖에 떠오르지 않는다.

불은 사용하기에 따라서 인류에게 이익이 될 수 있고 해가 될 수도 있다. 그래서 인류가 불을 발명한 것을 제1차 산업혁명이라고 하지 않는가. 불을 발명하기 전까지는 인류는 생식을 할 수밖에 없었지만 불의 혁명 이후부터는 화식을 할 수 있게 된 것은 인류가 발전할 수 있는 커다란 계기가 되었음은 물론이다. 지금도 여전히 인류만이 불을 사용할 수 있는 것은 동물이기에 인류를 만물의 영장이라고 하는 것이리라.

불을 발명했기에 호미와 삽 등 농기구를 만들기도 했지만, 불이 있어 무기를 만들었음을 우리는 잘 안다. 이는 불을 잘 사용해야 한다는 뜻이다. 옛날에 조상대대로 불을 꺼트리지 않고 화로에 전해 왔던 우리 조상들의 생각을 이해해야 한다. 어쩌다 불을 꺼뜨렸을 때 가문의 명운이 달린 것처럼 인식했던 것은 단순히 불을 구하기가 힘들었기 때문이 아니다. 불의 가치를 잘 알고 그것을 잘 이용하려 했던 선조들의 지혜가 깃들어 있음을 명심해야 한다.

진정한 내 편

언젠가 텔레비전에서 새들의 생태적 특성을 방영하는 것을 보았다. 새의 이름은 기억나지 않지만 작은 새가 몇날 며칠을 걸려 건축가 못지않은 아름다운 집을 공 들여 완성했다. 새가 어떻게 저런 집을 지을 수 있을까? 의문을 가질 정도로 크고 견고한 집을 땅에 나뭇가지가 접한 곳에 지었는데 놀랄만한 실력이었다.

집을 다 지은 새는 자신이 지은 집 앞에서 종종걸음으로 돌아다니며 누군가를 기다렸다. 새는 색깔과 깃이 무척이나 아름다웠다. 집 앞에는 어디서 물고 왔는지 푸른 색깔의 플라스틱 조각을 장식했다. 나름대로 꾸민 조경이었다. 새는 수컷이었다.

수컷 새가 기다리는 것은 암컷이었다. 그러는 사이 암컷이 날아왔다. 암컷은 벌써 여러 수컷들이 만들어 놓은 둥지를 돌아보고 오는 중이었다. 암컷 새는 새 둥지를 요모조모 들여다보더니 둥지가 마음에 들었는지 수컷에게로 갔다. 둘은 짝이 되었다. 이제 새 두 마리는 평생을 같이 할 부부가 되었다. 암컷이 수컷이 지은 집을 관찰한 후 자신의 일생을 맡길 수 있다고 생각했을 것이다. 집을 정성들여 지은 것으로 수컷의 능력과 마음을 파악한 것이다.

사람도 때가 되면 자신의 짝을 찾는 것은 자연의 섭리이다. 이 섭리로 인해 사람뿐만 아니라 이 세상 모든 생명체들이 짝을 찾고 생명을 이어가는 것이다. 사람은 짝을 찾는 방법으로 두 가지가 있다. 쉬운 말로 연애를 하는 방법으로 상대의 인품과 능력을 간파한다. 오랜 시간 동안 사귀다보면 상대의 인품은 물론 능력까지 들여다 볼 수 있다. 그러나 콩깍지가 씌었다는 말처럼 연애할 때는 상대의 좋은 점만 보이기 때문에 막상 결혼하고 나면 상대의 결점이 보여 후회하기도 한다. 중매하는 방식도 있다. 옛날에는 부모나 중매쟁이가 짝을 지어주면 평생 동안 좋든 싫든 함께 살아야 했다. 그러나 결점이 있어도 서로 사랑하면서 결점을 고쳐가며 잘 사는 사람들도 많았다.

혼인을 인륜지대사라고 하여 인간의 가장 신성하고 큰 일로 여겼다. 그런데 우리 부모님이나 그 윗대 할아버지 할머니 세대는 대부분 중매결혼을 하였어도 잘 사시는 분들이 많았다. 그럼에도 불구하고 할머니, 어머니 등 여성된 시집

살이와 가부장제도에서 힘들게 살았던 것이 사실이다.

오늘날은 어찌된 일인지 갈수록 혼인하는 사람들이 줄어들고 있다. 우리나라는 세계에서 아이를 낳는 비율이 가장 낮아 이대로 가다가는 '인구절벽'이라는 말처럼 노인은 많고 청년은 별로 없는 시대가 멀지 않을 것 같다. 그래서인지 유행가 가사에서도 '연애는 필수, 결혼은 선택'이라는 말이 있을 정도이다. 그만큼 혼인마저도 자유로운 시대가 되었는데 그것이 잘 된 일인지는 잘 모르겠다.

나는 청춘시절 일에 빠져 살았다. 그래서 태어나서 처음으로 맞선이라는 것을 보았다. 지인의 소개로 이루어졌는데 상대는 성형외과 과장이었다. 그는 처음 대하는 나를 편하게 해주려고 해학과 기지로 나를 웃게 하고 선물도 주었다. 오래 전에 만난 오라버니처럼 자상하게 대해줬다. 그리고 다음날 다시 만나기로 하였다. 송정역 부근 유명한 메기 매운탕집이었는데 그와 나는 식성이 달랐다. 삼겹살에 소주를 좋아하고 해장국을 좋아하는 타입이었다. 그는 메기 매운탕을 좋아하지 않으면서도 나를 배려하기 위해 자신의 밥그릇을 다 비웠다. 그리고 휴가를 내어 내가 있는 제주에 온다고 했다. 세 번째 만남을 약속한 것이다. 그 때는 자신에 관한 말을 하겠다고 했다.

세 번째 만남이 찾아왔다. 나는 친구에게 줄 선물이 있어 만남을 약속했다. 삼십 분이나 일찍 도착해 친구를 그냥 보낼 수 없어 간단한 초밥을 시켜 친구에게 먹으라고 했다. 그런데 그가 일찍 도착했다. 나는 그에게 친구를 소개했다. 그런데 그는 내 친구와 어느 집 국수가 맛있고, 어느 집 흑돼지가 맛있는지 먹거리 얘기를 식사시간이 끝날 때까지 주고받았다. 그가 누구를 만나러 왔는지를 잊어버린 것처럼 보였다. 나는 이러한 그의 모습을 보고 '돌싱이라더니 이혼한 이유를 알겠구나'하는 생각이 들었다.

남자들 중에는 여자친구의 친구에게 배려차원에서 더 잘해주는 모양이지만, 이런 행동은 매우 잘못된 것이라고 생각한다. 여자친구가 있고 그 여자친구의 친구가 있는 법인데, 나를 곁에 두고 내 친구와 계속 먹거리 이야기하는 것은 예의가 아니다.

나는 결혼하지 않았지만 어디에서나, 그리고 언제나 나의 편인 내편을 찾았다. 그런데 그는 나와는 거리가 멀었다. 그래서 나는 핑계를 대고 택시를 타고 집으로 돌아와버렸다. 물론 소개시켜준 지인이나 휴가를 내고 제주도까지 온 사람에게는 아주 미안하다. 그러나 내 편이 아닌 사람을 오래 볼 수는 없었기 때문에 그 자리가 불편했던 것은 사실이다.

'코로나19'와 사회적 상상력

벌써 몇 달째 방송이나 신문은 코로나19에 관한 뉴스를 특집으로 보내고 있다. 이러한 현상으로 사회적 분위기는 극도로 불안하고 우울하며 세계 경제 지표는 금융위기 때보다 더 안 좋다고 한다. 이른바 코로나19 사태의 끝이 어디인지 몰라 지구촌은 불안과 우울을 넘어 생사를 건 사투를 하고 있다.

본래 인간은 서로 손을 잡고 안고 볼을 비빔으로서 유대감과 친밀감을 느낀다. 그러한 행위는 사랑을 표현하는 방식이다. 그런데 코로나19가 창궐하고 있는 오늘은 '뭉치면 죽고 흩어지면 산다'는 말이 떠돈다. 이른바 '사회적 거리두기'를 염두에 둔 말이다. 코로나19의 가장 큰 특징인 무증상감염 때문이다.

비상식적이고 비인간적인 각종 생활지침으로는 모임하

지 않기, 서로 거리 두기, 실내시설 방문하지 않기, 악수하지 않기 등 헤아릴 수 없이 많은 생활방식 등을 코로나19는 요구하고 있다. 이를 철저히 실천했을 때만이 감염을 피할 수 있기 때문이다.

코로나 바이러스는 그저 전염병만이 아니다. 인간이 지켜왔던 소중한 것들을 파괴하고 빼앗아가고 있다. 더불어 비인간적인 것들을 강요하고 우리가 중요하게 생각했던 가치들을 훼손하고 있다. 이후 코로나19사태가 진정되면 우리 삶의 방식은 엄청난 변화를 갖게 될 것이다. 갑자기 '뉴 노멀'(Nomal, 새로운 정상시대)의 세계로 빠르게 진입하는 현상은 사회 곳곳에서 감지되고 있다. 생필품을 온라인으로 구매하고, 현금 대신 온라인 결제가 활성화되었다. 재택근무도 활성화될 것이고 아직 초기단계로 실험하고 있는 온라인 강의도 보다 발전할 것이 분명하다.

'뉴 노멀'시대의 가장 큰 특징은 사람과 사람이 접촉하지 않는다는 것이 핵심이다. 아날로그 시대의 삶의 방식인 대가족제도는 이미 해체되고, 공동체적인 삶의 방식은 더욱 철저하게 해체되어 휴머니즘을 실행해왔던 우리 민족의 미풍양식은 점점 사라져갈 것이다. 그리고 정보기술의 발달로 최근 문제시되고 있는 n번방 사건처럼 온라인에서 벌어지는 범죄는 더욱 비인간화되고 잔혹해지고 말 것이다.

그럼에도 불구하고 워라벨 문화 확산이나 이산화탄소

배출량 감소, 자연생태계 회복 등은 코로나19의 역설로 작용할 것이다. 그리고 처음에는 황사와 미세먼지로 인한 방역 차원에서 마스크착용이 시작된 마스크착용이 더욱 일반화될 것이다. 우리나라에서도 몇해 전까지만 해도 마스크를 착용하는 것에 대해 이상한 눈으로 바라보았던 것이 사실이다. 서양에서 코로나19가 폭발적으로 확산한 원인은 한두 가지가 아니겠지만 그 중 가장 큰 원인은 마스크착용이 생활화되어있지 않은 생활습관 때문이다. 가끔씩 동양사람이나 우리나라 사람이 유럽이나 미국에서 마스크를 썼다는 이유로 환자취급 받으며 봉변을 당하기도 하였다는 뉴스를 접하기도 하였다. 코로나19 초기에 미국의 트럼프 대통령은 마스크는 환자나 의료진만이 착용하라고 지시하기도 하였다. 그러나 최근에는 모든 국민이 마스크를 착용하라고 지시하는 헤프닝도 있었다.

텔레비전은 가요프로그램에서도 방청석이 없는 상태로 진행하기도 한다. 온라인시스템이 구축되어 집에서 졸업식이나 입학식을 실행하는 학교도 늘었다. 문재인 대통령은 코로나19타개를 위한 'G20화상회의'를 제안하여 세계의 정상들이 만나지 않고 화상회의를 진행하기도 하였다. 이미 철도나 버스 등 교통기관에서는 오래전부터 창구에서 티켙을 판매하지 않고 기계로 티켙을 판매하고 있다. 살펴보면 우리 생활에 이러한 변화는 더 많이 찾을 수 있을 것이다. 자판기나 편의점에서도 실시하는 업체가 생겨났기 때문이다. 우리가 쉽게 시켜먹던 음식들도 마트나 가게에 가지 않고 배달을 시켜 사람을 대면하지 않는 방식으로 발전하고 있는 것도 사실이다.

코로나19사태는 지구촌 사람들에게 많은 변화를 요구하고 있다. 그 중 가장 큰 특징은 앞에서 말했듯이 사람과 사람 사이를 벌이고, 가능한 사람을 대면하지 않는 현상이다. 이른바 '사회적 거리'를 유지하자는 것이다. 더불어 마스크는 불안심리를 갈앉게 하는 역할을 하는데, 본래 마스크의 종류인 가면과 탈은 진짜 얼굴을 낯선 가면으로 가림으로써 가슴 속의 은밀한 욕망을 분출하게 했다. 탈춤 역시 비천한 신분을 숨기고 양반탈을 뒤집어 씀으로 해서 계급사회의 모순에 대해 통렬하게 비판할 수 있는 용기를 주었다. 그러므로 페르소나(Persona)는 '가면을 쓴 인격'으로 나쁜 점을 무의식적으로 숨기고 다른 사람에게 좋게 비추어지고 싶은 허상을 말한다.

오늘날 인류는 집단 페르소나 현상에 감염되었다. 코로나19가 발병한 것은 인류의 문명과 박쥐 또는 천산갑을 식용하는 미개한 탐욕에서 비롯되었기 때문이다. 어찌됐든 '탈코로나 19'는 우리의 삶에 다양한 변화를 요구받고 있다.

무자비한 일제의 강제징용

내가 무척 잘 아는 지인의 아버지는 만14세도 안 되던 1937년 일제의 징용에 의해 만주 봉천으로 끌려갔다고 한다. 그의 고모도 마찬가지다. 어린 나이에 청진 정어리공장에 끌려갔다. 그의 아버지는 벽돌공장에서 죽어라 일했다고 한다. 어린 나이에 끌려간 그의 고모가 일하는 곳은 일본군 비행기 기름을 만드는 군수공장이었다. 그의 아버지는 머나먼 고향의 부모님이 그리워 눈물짓고 고모는 일이 힘들어서 울고 향수병에 걸려 울었다고 한다.

지인의 아버지가 팔순이 되던 해 지인은 오직 아버지만을 위한 여행을 준비하였다. 달랑 카메라 한 대를 가지고 그의 아버지와 함께 중국으로 건너갔다. 이제는 이름도 봉천에서 심양으로 변한 봉천역 부근의 백탑거리를 기억하는 그의 아버지는 눈물을 흘렸다. 식민지시절 조선 소년의 청춘시절이 떠올랐기 때문만은 아닐 것이다. 지인은 식민지시절 겪었던 삶의 현장들을 찾아다니며 사진을 남겼다.

그의 아버지의 눈물은 만주 봉천에서 끝난 것이 아니었다. 해방되던 해 갓 스물이 넘자 이번에는 징병으로 끌려갔다. 다행히 고향에서 멀지 않는 면소의 초등학교 운동장에서 반 년 동안 기초군사 훈련을 받다가 남양군도에 끌려가기 직전 해방을 맞았다.

지인의 아버지는 다행스럽게 군사훈련만 받고 전쟁터에 나가지 않았지만, 마을의 어떤 어르신은 남양군도에서 전쟁을 치르다가 해방이 되어 살아왔다.

일제강점기 때 일제에 의해 징병이나 징용으로 끌려가 돌아오지 못한 사람들은 참으로 많다. 그리고 지금껏 일본이 인정하지 않고 있는 위안부문제는 더욱 우리의 가슴을 저리게 한다.

우리는 애초에 일본이라는 나라에 대해 신뢰하지 않았지만, 그래도 그들도 국제사회의 일원이기에 우리는 수없이 이성과 양심에 그들이 변하기를 바랐다. 그러나 일본은 우리를 늘 실망시키곤 했다. 일제강점기 강제노동에 동원되고 징용에 끌려간 14세 미만 아동들의 실태를 분석한 연구가 처음 공개됐다. 남양군도, 일본, 한반도, 만주 일대 등으로 동원된 아동들은 성폭력, 배고픔 등에 시달렸다. 최연소 징용자는 중국 봉천성 남만방적에서 일한 5세의 소녀였다. 당시 아동들은 주로 방적공장에 동원되었다.

2019년 공개된 피해사례는 일제강제동원&평화연구회가 일제강점기 14세 미만 아동 436명을 대상으로 분석한 것이다. 공개된 내용들은 국무총리실 소속 '대일항쟁기 강제동원피해조사 및 국외강제동원 희생자 등 지원위원회'가 강제동원으로 판단된 것 중 일부로, 위원회는 226,583건의 징용피해신고를 받아 218,639건을 강제동원으로 판정했다. 한반도내 방적공장에 동원된 아동은 296명에 달했다. 이들의 평균 연령은 13세이고, 59명이 10세 미만이다. 강제노동으로 사망한 소녀도 있었다.

일본은 1919년에 만들어진 국제노동기구(ILO)의 원가맹국이었다. 당시 일본이 비준했던 ILO협약에는 '14세 미만 아동노동금지'하는 내용도 포함되어 있었다. 이는 1923년 개정된 일본 공장법에도 반영됐다. 하지만 일본은 각종 예외조항과 편법을 만들어 한반도에서 아동을 징용했다. 뿐만 아니라 일본 공장법은 식민지 조선에는 적용하지 않았다. 공장법을 적용할 경우 조선의 산업 발달을 저해한다는 논리였다.

이를 조사한 평화연구회 정혜경 박사는 "성인 남성만 징용당했다고 생각하는 경우가 많은데 아동 · 여성징용도 많았다"며 "아동사망자를 불효자라며 호적에도 올리지 않은 당시의 정서를 고려한다면 아동피해자는 상상 이상으로 많을 것"이라고 했다.

아동과 여성은 약자들도 정부로부터 당연히 우선적으로 보호받아야 한다. 그런데 일제는 유독 우리 민족에게만은 가혹하리만치 남성과 성인은 물론 아동과 여성까지도 강제징용으로 끌어가 노동을 시키고 임금을 착취하였음이 드러났다.

이에 대해 일본은 이러한 사실을 인정하고 배상해야 한다. 그러나 지금껏 보여온 일본의 태도는 1965년 한일청구권협정에 의해 개인에 대한 보상이 이루어졌다고 주장한다.

일제강점기에 14세 미만의 아동과 여성들의 노동력을 강탈한 일본은 일찍이 문명국가이기를 포기한 것이라고 밖에 볼 수 없다. 흔히 '평화의 소녀상'이라고 불리는 위안부 소녀들의 앳띤 모습 이면에서 짐승 같은 일본의 욕망을 본다. 지금이라도 일본이 문명국가의 길로 가기 위해서는 모든 잘못을 인정하고 거기에 따른 배상을 해야 한다. 그랬을 때 국제사회는 일본을 신뢰하고 정상국가로 인식할 것이다.

작지만 가치있고 소중한 것

고향 마을에 커다란 나무가 있었다. 그보다 더 클 수 없는 오래되고 큰 나무여서 그곳에는 새들이 살았다. 여름날이면 아이들은 나무에 올라가 나무 그늘에서 놀았다. 그리고 고향을 떠난 수십 년 후 다시 찾았을 때 반갑고 고맙게 그 나무가 있었다. 유년의 보았던 그 나무보다 조금 수척해 보였지만, 나무는 여전히 푸르렀다.

마을에서 신목(神木)으로 여기던 당산나무처럼 오래된 나무는 마을의 역사를 간직하고 있다. 온갖 추억을 되새기게 한다. 같은 시대를 살았던 사람들에게 기억을 공유하고 있는 그 나무는 단순히 생물학적으로만 존재하지 않는다. 고목은 내 유년을 떠오르게 한다. 그러므로 나에게 고향마을의 나의 유년을 기억하고 있는 저장고이며 나의 유년을 증거하는 증거물이기도 하다.

기억의 저장고가 사라졌다면, 사라진다면 상실감이 클 것이다. 오늘날 날아간 하드디스크처럼 사라진, 사라져가는 풍경들이 수없이 많다. 그런 까닭에 우리는 커다란 상실감에 젖지 않을 수 없다. 개발이라는 이름으로, 문명이라는 이름으로 야만의 풍경들이 아름답고 고귀한 풍경들을 지우고 있다.

상전벽해(桑田碧海)가 이와 같다. 하루아침에 삭막한 고층아파트가 들어서고 빌딩이 들어선다. 그 시멘트 아래 풍경이 짓밟히는 것뿐만 아니라 우리 인간의 깊고 따스한 가슴속에 간직했던 어떤 소중한 것을 잃어버린 상실감은 그 어떤 것으로도 회복하지도 못하고, 보상받지도 못하고, 위로받지 못한다.

너릿재 넘어 화순 가는 길목, 주남마을에서부터 펼쳐지는 삭막한 콘크리트 아파트들을 볼 때마다 나는 상심한다. 몇 년 새로 목가적이고 전원적인 모습은 사라지고 아파트 단지가 들어섰다. 큰 분지도 아닌데 마치 계곡에 아파트가 밀집된 것처럼 왠지 그 모습들이 가슴을 답답하게 한다. 그곳에 있던 나무는 물론 어느 한 가지도 찾을 길 없이 불도저로 밀어버리고 아파트를 건설하였다.

그곳 뿐만이 아니다. 우리나라 대부분의 아파트 건설이라는 것이 이와 유사하다. 이로 인해 고향의 모습이 사라진 사람들은 머리속에서만 정다운 풍경을 희미하게 떠올릴 수

밖에 없다.

우리나라는 개발이나 건설이라는 이름으로 무조건 옛 흔적을 지우고 본다. 그러다보니 오래된 풍경들이 남아있기가 힘들다. 이러한 개발행태는 소중하고 정다운 추억까지 모두 깔아뭉갠다. 아파트촌은 사라졌지만, 최신의 고층아파트 단지 안에 그 시절 등하굣길에 오가고 방과 후에 친구들과 뛰어놀거나 반려견과 산책하던 숲길이 살아있다면, 아파트 재건축으로 고향을 잃은 실향민에게는 더할 나위 없는 위안이 될 것이다.

1982년 건립된 서울 강남의 개포주공아파트가 재건축되고 마지막으로 5,000여 가구가 초고층 아파트로 탈바꿈할 채비를 마쳤다. 다큐멘터리작가 이성민씨는 초등학교 1학년 때 이곳으로 이사와 고등학교까지 졸업하였다. 성장기를 개포주공아파트에서 보낸 까닭에 이곳은 그의 많은 추억이 깃든 공간인 셈이다. 재개발을 위해 벌목작업을 마친 아파트는 이제 건물을 부수는 일만 남은 듯 보였다. 그런데 놀라운 것은 단지 중심에 푸르른 메타세쿼이아 숲이 있다. 시행사측에서 이 숲을 보전하겠다는 의지의 결과였다.

이성민 작가는 "개포주공에서 초등학교까지 엎어지면 코 닿을만한 거리에 있는 학교에 다녔다. … 나의 생활반경이 어떠했는지 지도로 검색해보니 걸어서 10~15분 내로 충분했다. 학창시절 나의 세계가 고작 이 거리 내에 있었다니!

… 내 세계의 거리는 짧았지만 그 안에는 긴 이야기가 있었다. … 나무의 모습을 보면 잃어버린 기억이 터져나온다. 나무들이 그런 것처럼 나도 그 나무들을 오래도록 기억하고 싶다."(2017년 6월 25일 카카오스토리 개포동 그곳)고 했다.

흔히 개포동을 사교육 1번지라고 하지만 숲이 있는 개포주공아파트에서 유년을 보내거나 성장한 이들에게는 대모산과 구룡산, 양재천을 끼고 있는 목가적인 고향이었다. 땅따먹기, 술래잡기, 나뭇가지 세우기를 하고 놀던 아이들에게는 자신만의 아지트였다. 더불어 "메타세쿼이아길과 이어지는 공터에 예전에는 농구대가 있었어요. 아침이면 그 길을 따라 집을 나섰던 주민들이 저녁이 되면 그 자리로 다시 모였어요. 아이들은 왁자지껄 떠들고, 어른들은 반려견과 산책을 하셨죠. 저도 탁구장에서 아빠한테 처음 탁구를 배웠어요. 테니스모임이 활발해서 이사 간 뒤에도 테니스치러 오는 분들도 있었고요." 이성민 작가의 회상에는 어우러져 살아가는 공동체와 평범하지만 온기가 있는 인간다운 삶의 모습이 투영되어 있다.

이성민 작가가 이처럼 아름다웠던 날들을 떠올릴 수 있었던 것은 재건축한다고 싹쓸이로 숲을 없애버리는 관행이 개포주공아파트 옛터에 적용되지 않고 마을의 역사와 추억이 배인 메타세쿼이아 숲을 그대로 살려 공원으로 탈바꿈하려하기 때문이다.

나무와 숲은 추억이 깃든 곳이기 전에 하나의 건강한 생명체이다. 앙상한 나뭇가지에 봄이 오면 신록의 연둣빛이었다가 여름날엔 검푸른 숲의 기운이 왕성해진다. 이때쯤이면 인간뿐만 아니라 숲에 기대어 살아가는 모든 생명체들의 생명활동도 나무처럼 절정에 올라 무성해진다. 그러다가 가을이 오면 온 몸이 뜨겁게 달아오는 숲은 마침내 모든 것을 떨구며 인간에게 생로병사의 무상함을, 또는 춘하추동의 우주적 질서를 가르쳐 준다.

삭막하고 인정이 없는 도시 매커니즘 속에서 살아가면서 그리운 것은 변하지 않고 오래된 그 무엇일 것이다. 문명을 앞세워 무분별한 개발을 하는 것보다, 작지만, 그리고 볼품없어도 가치있고 소중한 것을 오래 간직하자. 마을의 역사를 기억하고 있는 당산나무처럼.

제4부

꽃은 마스크를 쓰지 않는다

장애를 아름다운 축복으로 만든 사람들

며칠 전 문자메시지를 통해 지인이 동영상을 보내왔다. 나는 그 영상을 보고 매우 반가웠다. 레나 마리아의 공연장면이었다. 20여 년 전쯤이었을까. 레나 마리아가 우리나라에서 공연을 한 적이 있다. 그때 레나 마리아의 전기 한 권을 선물로 받았다. 그녀가 직접 사인한 책이었다. 나는 그 책을 단숨에 읽었다. 인간의 능력에 대해 감동하였다. 아니 그녀의 삶은 기적과 같았다.

레나 마리아는 1968년 스웨덴에서 태어났다. 불행하게도 그녀는 두 팔이 없고 왼쪽 다리도 짧았다. 그런데 그녀는 온갖 역경을 극복하고 세계 수영대회에서 네 번이나 우승을 하였다. 뿐만 아니다. 피아노, 요리, 그리고 가스펠 가수가 되어 전 세계인들에게 사랑과 용기를 전해 주고 있다.

레나 마리아는 자신에게 주어진 불리한 환경을 극복하

기 위해 자신이 장애를 가진 것에 대해 불만불평을 하지 않았다. 오히려 절대자가 개개인에게 나름의 능력을 준다고 확신하였다. 선천성 장애인으로 태어나게 하였지만 절대자는 공평하여 개인에게 맞는 훌륭한 능력을 준다고 긍정적이고 적극적인 사고를 하였다. 자신에게는 두 팔을 주지 않았지만 천상의 목소리를 주었다고 여기고 피눈물 나는 노력으로 능력을 개발하였다. 그녀는 돈이 없는 사람, 배운 것이 없는 사람, 권력이 없는 사람, 그리고 장애를 가진 사람 모두 동등한 처지에서 태어났다는 이러한 인식의 바탕에서 세상을 바라보았다. 그런 까닭에 그녀는 장애인 학교가 아닌 일반 학교에 들어가 똑같은 방식으로 교육을 받았다. 이는 순전히 레나 마리아 자신에게 장애는 절대자가 준 아름다운 선물이라는 인식이었기에 가능한 일이었다. 이렇듯 세상을 긍정적으로 인식하고 있기에 지구촌을 돌아다니며 삶의 아름다움과 절대자에 대한 사랑을 노래 부르며 살아가고 있는 것이다.

그러나 말이 쉽지 대부분의 사람들은 두 팔 없이 살아간다는 것에 대해 끔찍하게 생각할 것이다. 장애인으로 태어나게 한 부모에 대해 원망하며 비통해 할 것이다. 두 팔이 멀쩡한 사람들도 살아가기 힘든 세상이기 때문이다. 그렇다면 레나 마리아와 같은 사람은 특별한 사람일까? 자신의 몸이 다른 사람들과 다름을 알았을 때, 장애인이라고 사람들이 수군댈 때, 그녀는 절망했는지도 모른다. 그럼에도 불구하고 자신에게 주어진 불리한, 불행한 여건을 피눈물 나는 노력으로 이겨낸 것은 분명 인간승리이다. 레나 마리아라는 존재가 갖는 상징적 의미는 장애인뿐만 아니라 몸이 성한 사람들에게도 절망을 희망으로 불행을 행복으로 이끄는 전도자라고 할 수 있다. 이러한 일이 그녀에게 주어진 사명이라고 생각하며 살아갈 것이다.

내가 아는 지인은 십 수 년 동안 장애인들과 시를 공부한 적이 있다. 처음에는 학교에서처럼 시의 본질이 어떻고, 비유가 어떻고를 가르치다가 그것을 접어버렸다고 한다. 이른바 장애인 문학은 작품성을 따지기 보다는 그들이 장애를 축복으로 알고, 장애도 사랑이라는 것을 인식하게 한다는 것이다. 장애인들이 보다 긍정적인 사고로 희망을 꿈꾸는 글이라면, 그래서 많은 장애인들이 좌절하지 않는 삶을 살아가게 한다면 이것이야 말로 진정한 장애인 문학이라고 생각하게 되었다는 것이다. 이러한 깨달음을 갖게 된 것은 많은 장애인들의 글을 읽으며 절망하면서 부터이다. 몸을 움직일 수가 없어서 날마다 침대에 누워 천장에 붙은 파리를 세는 것이 일상이 되어버린 장애인에게 작품성을 따지는 일은 부질없다는 생각이 들었다.

내가 아는 장애인이 있다. 그는 1급 시각장애인이었다. 선천적인 시각장애여서 그는 사물의 생김새와 색깔을 어떻게 인식할까 하는 생각이 들었다. 사랑하는 사람들의 얼굴도 모르는 그가 어찌 보면 불행하다고 여겨졌다. 그렇지만 절대자는 공평해서 그에게 클라리넷 연주를 잘 할 수 있는 능력을 주었다. 광주에서 음대를 졸업하고 겨우 비행기 삯만 가지고 눈이 성한 사람들도 쉽지 않은 독일에 유학을 갔다. 수백 리가 되는 곳의 독일인 스승에게 기차를 타고 공부하러 다닐 때 얼마나 불편했을까. 때로는 지팡이를 더듬거리다가 여성의 치마를 들춰내는 치한으로 오해 받기도 하고, 때로는 철로에 떨어지는 위험에 처하기도 한 그에게 삶이란 무슨 의미였을까? 독일 유학을 끝내고 아무도 아는 사람이 없는 미국으로 음악 공부를 떠난 그의 인생의 목표를 무엇이었을까?

내가 아는 장애인은 정신적 장애를 가진 아름다운 청년이다. 그의 삶이 경제적으로 어떠한 지는 잘 모르지만, 그는 일반인들 보다 백배의 노력으로 시를 공부했다. 그의 삶에서 시는 절대적인 것이어서 자신의 존재를 드러내는 일이기도 하다. 이렇듯 바르게 성장한 그 청년은 열심히 문학활동을 하고 있다. 그런 그가 기특하고 고맙다.

장애를 극복하고 인생을 승리로 이끈 사람들의 주변에는 많은 사람들의 따스한 손길이 있다. 그러나 그것만으로는 가능하기 힘들다. 이 세상 삶의 주체는 '나' 자신이기 때문에 자신이 목표로 하는 것에 대한 지독한 노력이 필요하다.

주변에서 장애인을 본다. 많은 장애인들이 겨우 할 수

있는 것은 안마라고 한다. 우리 사회는 그들을 어떻게 인식하고 그들 앞에 놓인 현실을 타개하는 장치를 마련해 주는지를 따져봐야 할 것이다.

부모와 자식

자식을 키우는 일은 천륜의 영역이어서 부모는 생명까지 내놓는다. 집에 화재가 나서 불이 활활 타오를 때도 부모는 무조건적으로 자식을 구하기 위해 불 속에 뛰어든다. 짐승들도 마찬가지다. 누우는 사자에게 쫓기는 새끼를 구하기 위해 사자무리 속으로 뛰어든다. 남극의 펭귄은 새끼를 먹이기 위해 춥고 얼어붙은 얼음장 속으로 들어가 물고기를 잡아와 위 속에 든 먹이를 꺼내어 새끼에게 먹인다. 이처럼 자식은 자신의 분신이어서 자신의 몸보다 더 소중하게 생각한다. 태어날 때부터 죽는 날까지 환갑이 된 자식 걱정하듯 늘 가슴 졸이고 자식이 잘 되기만을 소망하는 것이 부모의 마음이다. 이렇듯 자식을 위해서라면 물불을 가리지 않는 마음은 어디에서 오는 걸까? 이러한 힘은 세상이 모든 살아있는 것들의 부모에게 하늘이 부여한 것으로 종의 번식을 위한 조물주의 조화가 아닐까?

우리나라 부모들은 자식을 생각하는 마음이 다른 나라 사람들보다 유독 크고 깊다. 특히 교육열이 세계에서 가장 큰 것은 마침내 우리나라가 문화적으로 경제적으로 앞서게 하는 원동력이 되고 있는 것은 주지의 사실이다.

내 아들이 어느새 열세 살이 되었다. 항상 어린애로만 여겼는데 중학교 3학년이라니 세월이 유수와 같다는 말이 새삼스럽다. 2020년은 코로나19로 인해 모든 지구촌 사람들에게도 악몽을 꾼 것처럼 기억하고 싶지 않은 해가 될 것이다. 나는 코로나19보다 더 지독한 꿈을 꾼 한 해였다. 아이들이 학교생활을 하다보면 예상치 못한 일이 발생하고 만다. 아직 정신적으로 완전한 인격체가 아니므로 어디로 튈지 모르는 질풍노도의 시절이 중학교 시절일 것이다. 아들이 같은 반 친구에게 “너 이 게임 할 줄 모르지?”, “너 ○○여자애 좋아하지?”하면서 놀리자 그 친구는 자존심이 상해 마음의 상처를 입게 되었다. 아들 혼자서만이 아니라 5명의 친구들이 반 친구에게 상처를 입혔으니, 집단 폭행을 한 셈이었다.

그러자 학교에서는 5명의 학부모를 호출해 교육을 시키고 반 친구의 치료비를 분담해야만 했다. 내가 어린 시절에는 흔하디흔한 일이었지만 이제는 학교폭력으로 많은 아이들이 따돌림을 받아 극단적인 일까지 벌이고 있으니 단속을 강화하는 일은 당연한 일이 되었다. 그리고 폭력을 당한 아이와 그 부모를 생각하면 폭력은 어떤 이유에서라도 용서할 수 없다. 그래서 나는 상처를 입은 아이의 부모님께 자식을 잘못 키운 중죄인이 되어 사죄를 구했다. 그것이 아니더라도 자식만을 끌어안을 수만은 없는 일이었다. 자식이 잘못된 길로 가면 옳은 길로 안내하는 것도 부모의 일이기 때문이다.

내 아들도 그 일로 인해 많이 놀랐을 것이다. 그렇지만 그대로 방치할 수만은 없어서 더욱 강인한 사람으로 성장시키기 위해 아들에게 독립할 것을 요구했다. 원룸을 얻어주고 거기에서 혼자 밥해먹고 학교에 다니게 했다. 뿐만 아니라 친구들과도 못 만나게 하기 위해 핸드폰도 컴퓨터도 모두 끊어버렸다. 아들을 위한다고 내린 결정이지만, 이러한 나의 섣부른 행동이 아들에게 또 다른 상처를 줄 것이라고는 예상하지 못했다. 물론 이러한 결정은 아들에게 자숙의 시간을 갖게 하고 징벌의 의미도 있었다. 그런데 아들은 어린아이가 아니었다.

"엄마는 내 생각이 무엇인지, 내가 원하는 것이 무엇인지 물어보지도 않고, 엄마라는 이유로 마음대로 결정하면 어떡해? 난 엄마와 함께 살아본 적이 별로 없어. 나는 어려서부터 할머니와 함께 살아왔는데, 그래서 떨어질 준비가 안 되어 있는데, 어떻게 떨어져서 살아? 이런 방식은 옳지 않다고 생각해……."

아들은 울면서 나에게 자신의 마음을 토로했다.

순간 아차 하는 마음이 들었다. 나는 한마디 대꾸도 못하고 그대로 얼어버렸다. 아이의 생각 같은 것은 염두에 두지 않고 내 방식을 강요한 것을 깨달았다. 순간적으로 아이를 압도하려는 나의 생각이 내린 잘못된 결정이었던 것이다. 나는 다시 모든 것을 제자리에 돌려놓았다. 이후 아들은 행동거지를 매우 조심하는 것 같았다. 그 날 이후 나는 아들의 눈치를 보는 엄마가 되어버렸다. 아들을 이미 성장한 인격체를 지닌 사람으로 보는 계기가 되었다.

그런 일이 있은 후 몇 달이 지났다. 할머니에게서 전화가 왔다.

"이루 엄마야! 이루가 선배한데 돈을 빼앗겼단다. 만원을 빼앗겼다는데, 이번엔 4만원을 가져오라고 하고, 일주일에 한 번씩 가져오라고 했다는구나. 그래서 고민하다가 경찰에 신고했다는데."

아들이 선배에게 돈을 빼앗기고 있다는 말에 나는 가슴이 철렁했다. 그리고 이 일이 아들에게 상처를 줄 것이라는 생각이 들어 평소 잘 알고 지내는 관할 경찰서 과장님께 전화를 했다. 우리 아들이 겁을 먹고 경찰에 신고했다는 말씀드리고 아들을 괴롭히는 아이의 미래가 걱정되어 신고를 철회해주라고 말씀드렸다. 그러자 신고된 후 아들 선배의 부모에게 이미 연락이 간 것 같다고 했다.

이후 아들을 괴롭힌 학생의 부모로부터 전화가 왔다. 죄송하다고 했다. 나는 학생의 부모에게 아들이 다시는 우리 아들을 괴롭히지 않겠다는 다짐을 받아주면 고맙겠다고 했다. 자식 키우는 입장은 모두가 같기 때문에 나 역시 학생의 부모 심정을 이해했다. 학생의 부모는 몇 번이고 감사하다고 했다. 학교 측에서는 아들에게서 빼앗은 만 원을 돌려주었다. 아들 선배는 우리 아들에게 사과를 하고 미안하다는 말과 함께 다시는 그러지 않겠다고 약속했다.

이렇게 해서 돈 갈취 사건은 일단락되었고 아들은 아무 일이 없는 것처럼 학교에 잘 다니고 있다. 이번 사건은 모 경찰서 보안과장님의 배려로 무사히 잘 해결되었다. 이렇듯 우리 사회는 일선에서 열심히 일하는 분들의 보이지 않는 힘에 의해 질서가 유지되고 있음을 절실하게 깨달았다. 앞에서 밝힌 것처럼 부모가 자식을 키우는 일은 쉽지 않다. 키우다 보면 별의 별 일을 다 겪게 되기 때문이다.

최근 아들에게 일어난 몇 가지 사건을 통해 부모역할이 결코 쉽지 않다는 것을 알았다. 부모와 자식, 천륜으로 맺어진 인연은 부모가 죽어야 끝나는 일이라는 생각이 들었다.

문예지의 순기능과 공적 역할

우리나라 근현대문학을 이끈 것은 문예지들이다. '백조'와 '폐허'는 낭만주의 작가들의 온실이었으며, 정지용을 비롯한 시문학파 시인들은 '시문학'이라는 잡지가 있었기에 시문학파가 존재할 수 있었다. 이후 '현대문학' '자유문학' 그리고 '창작과비평' '문학과지성' 등의 문예지가 있었기 때문에 우리문학이 성장할 수 있었다. 만약에 문예지가 없었다면 우리 문학사를 빛낸 수많은 작가들을 배출하지 못했을 것이다.

나는 우리 문학사에서 가장 큰 역할을 했던 용아 박용철 선생을 존경한다. 그가 시를 쓰고 외국문학을 우리 문단에 소개한 역할 또한 매우 의미있는 일이지만, 강진 만석꾼의 손자인 김영랑과 함께 '시문학'을 창간하였다. 경제력으로만 볼 때면 용아의 집안보다 훨씬 부자였던 영랑이 문예지를 창간했어야 했다. 그럼에도 불구하고 용아 선생이 정지용, 영랑과 함께 '시문학'이라는 잡지를 창간한 것에 대해 인간적인 정을 느낀다.

문예지는 많은 작가들에게 작품발표지면을 제공하는 이른바 '문학관리자' 역할을 하는 까닭에 매우 중요하다. 물론 작품집을 발간하여 독자들과 소통하는 방식도 있지만, 문예지의 역할이 더욱 효율적이다. 문예지는 단순하게 작품 발표지면만을 제공하는 것이 아니다. 다양한 기획을 통해 비평은 물론 문학적 담론을 제공한다. 그런데 지금까지 문학관리자 역할을 하는 문예지의 필요성에 대해 구체적으로 논의된 바가 없다.

오늘날은 문학의 위기시대라고 하지만 어느 때보다도 많은 문예지들이 발간되고 있다. 광주에는 5개의 문예지가 있으며, 동인지는 100여 종 가까이 될 것이다. 문예지가 많이 발간될수록 문인들에게는 그만큼 발표지면이 많아 작품발표가 쉬워졌다. 과거에는 지방문인들에게는 발표지면이 잘 주어지지 않아 문학활동이 활발하지 못했다.

문예지가 많아졌기 때문에 문인들에게는 긍정적인 일이지만, 몇몇 문인들을 빼고는 이른바 유명세를 떨치고 있는 문예지에 작품을 발표하지 못하고 있다. 이는 많은 문예지들이 작품성을 따지기 때문이다. 작품성을 따지는 문예지들은 대부분 원고료를 지급하고 있는데 작품성을 따지지 않는 문예지들은 대부분 원고료를 지급하지 않는다. 뿐만 아니라 신인들의 작품성을 따지지 않고 대량 배출하고 있다. 마치 누가 신인을 많이 배출하는지를 경주하듯 마구잡이식으로 함량미달의 신인들을 배출하여 그들의 출판을 통해 이윤을 추구하기도 한다. 그리고 세를 과시하듯 많은 신인을 배출하여 문학단체장 선거에 관여하는 등 문학권력 행사를 하기도 한다.

나의 절친은 광주에서 25년 동안 문예지를 발행하면서 적은 액수지만 신인들에게 특별고료를 지급해 왔다. 작품의 역량이 부족할 때는 신인을 배출하지 않음을 지금까지 고수해 왔다. 그러다보니 신인들이 모지에 대해 자긍심을 갖는다.

문예지 발간은 대단한 명예를 얻는 것도 아니고 경제적 이익도 없다. 오히려 해마다 수천 만 원의 돈이 문예지의 발간에 들어간다. 오직 순수한 마음으로 광주에도 쓸만한 문예지 하나쯤은 있어야겠다는 자존심으로 25년을 버텨왔다고 한다.

며칠 전 모 일간지에 원고료 5만원을 지급하는 문예지의 원고청탁을 거부하는 신예들의 움직임을 기사를 통해 보았다. 두 가지 생각이 들었다. 시 한 편을 쓰기 위해 수고한 것에 비해 원고료 5만원이면 너무 박하다는 생각과 더불어 서운한 생각이 들었다. 이 서운한 생각은 문예지를 발간하기 위해 25년이 넘도록 고군분투한 지인을 보았기 때문이다. 그 동안 문예지 발간을 포기하고 싶은 적이 많았다고 한다. 지금까지 좋은 문예지를 만들기 위해 노력한 수고를 신예들이 안다면 원고료 5만원에 대해 청탁거절을 할 수 있을까 하는 생각이 들었다. 작가들의 노고를 이해하지만 자신들의 입장만 내세우는 것이 아닌가 하는 생각이 들었다. 발표지면이 있어야 문인들도 살 수 있기 때문이다.

민주화가 된 1990년대부터 지금까지 많은 문예지들이 발행되어 왔다. 어려운 경제적 여건 속에서도 순수한 마음으로 발간하는 문예지들에게는 위로하고 응원해야 한다고 생각한다. 서울의 몇몇 문예지 빼고는 대부분의 좋은 문예지들은 경제적인 희생을 감수하면서도 문인들에게 좋은 발표지면을 제공해 왔다. 가끔씩 좋은 문예지들이 경제적인 이유로 폐간된다는 소식을 들을 때마다 가슴이 철렁했다. 발행인 혼자서 온 몸으로 껴안은 외로움에 대해 공감하는 까닭이다. 문학관리자인 문예지들도 때로는 위로와 격려를 받고 싶어 한다. 좋은 문예지가 제공하는 순기능과 공적기능에 대해 문학인들도 한번쯤 생각해 보았으면 하는 생각을 해본다.

꽃은 마스크를 쓰지 않는다

일 년 중 가장 극적인 계절이 봄이다. 추운 겨울이 지나가고 봄이 오면 사방에서 꽃소식이 들려온다. 세상이 마치 마법에 걸린 것처럼 순식간에 온갖 꽃들이 피어나면 사람들 마음도 환해지고 꽃처럼 향기를 풍긴다. 그런데 올해는 언제 봄이 다녀갔는지도 모르겠다. 우리나라 사람뿐만 아니라 온 지구촌 사람들이 코로나19와 싸우느라고 봄이 왔는지 갔는지 신경 쓸 겨를이 없었기 때문이다. 모든 전달매체는 날마다 코로나19에 대해 말하고 사람들은 코로나19에 대한 두려움에 떨어야 했다. 그리고 사람들은 약국 앞에서 줄을 서야 했다. 코로나19의 창궐 이전과 이후의 생활이 완전히 달라졌다. 그 중에서도 문화나 예술활동은 거의 전무하다시피 활동을 중지해야 했다. 당장 발등에 떨어진 것이 코로나19를 예방하거나 극복해야하기 때문이다. 벌써 반 년 이상 온 지구촌이 코로나19로 인해 스트레스가 이만저만이 아니다.

그동안 광주 · 전남지방은 코로나19 청정지역이었다. 그런데 최근 날이 새면 확진자가 몇 명이니 하면서 코로나19가 창궐했던 대구처럼 되는 것이 아닌가 하는 두려움이 든다. 타지방에 가서 광주에서 왔다고 말하기가 두려울 정도가 되었다.

길거리의 개나 고양이가 부럽기도 했다. 인간들이 고통스러운 시간을 보내고 있는데 코로나19에 두려움 없이 살고 있기 때문이다. 코로나19가 창궐하여 수많은 사람들이 지구촌 곳곳에서 죽어가거나 고통스러워할 때 짐승들처럼 나무나 풀은 봄이 되어 새싹을 틔우고 꽃을 피워냈다. 그리고 봄이 지나고 여름이 왔다. 날씨가 무더워지면 혹시 사라지려나 생각했던 전염병은 더욱 기승을 부려 사람들은 땀을 뻘뻘 흘리면서도 답답하게 마스크를 벗지 못한다.

이번에 대유행하고 있는 코로나19는 인류역사상 처음 겪는 무서운 전염병이다. 여태까지 모든 전염병은 증상이 나타났을 때 전염시킬 수 있었지만 코로나19는 무증상 상태에서 전염시킬 수 있기 때문에 전염병을 예방할 방법은 거리두기와 마스크 착용, 그리고 깨끗하게 손 씻기 뿐이다. 보이지 않는 적과 싸워야 하는 군대처럼 우리 인간들은 보이지 않는 전염병과 싸우고 있다. 미국에서는 최근 하루에 6~7만 명이 확진되고 있다 한다. 시간이 갈수록 전염병이 무서운 속도로 확산되고 있으니 빨리 치료제가 개발되어야 한다. 그렇지 않으면 코로나19사태가 진정될 수 있을지 걱정이 된다. 많은 전문가들이 가을 쯤 또다시 코로나19가 확산되어 제2차 유행이 될 것이라고 말한다. 다행히 우리나라는 코로나19에 모범적으로 잘 대처하고 있지만 언제 어디에서 전염병이 폭발될지 알 수 없는 불안한 날들이다. 그리고 미국을 비롯한 브라질, 인도와 유럽은 진정될 기미가 보이지 않고 있어 걱정이 된다.

엊그제 시골집에 갔는데 온갖 나무와 꽃들이 푸르름과 꽃향기를 자랑했다. 인간들이 마스크를 쓰고 서로를 멀리할 때 꽃들은 마스크도 쓰지 않은 채 함께 어울려 향기를 풍기고 있었다. 새들 또한 하늘 높이 날아다니며 푸르른 여름날을 노래한다. 그런데 인간들은 가장 아름답다는 그림 모나리자의 입과 코에도 마스크를 씌웠다. 주지하다시피 마스크와 같은 의미인 페르소나(persona)는 '가면을 쓴 인격'을 말한다. 그러므로 인간만이 마스크를 쓴 것은 탐욕스러운 인간들의 자업자득이 아닐 수 없다.

지인 중에 최근 이사를 한 사람이 있다. 잠시 2년 가까이 낯선 곳에서 사는 동안은 고통의 나날이었다고 한다. 신변에 안 좋은 일이 한꺼번에 일어났지만 다시 돌아온 곳이 고향 같은 곳이어서 마음이 편해졌다. 특히 집 주변에 숲이 무성해 그것을 바라보는 우리 가족은 이사 오길 잘했다는 생각을 하는 것이다. 특히 이사 오던 날 분재와 나리꽃 몇 그루를 가져왔는데 아파트 주차장에서 어떤 아주머니가 하얀 나리꽃 몇 그루를 줄 수 있느냐고 했다. 그래서 기꺼이 드렸다고 한다. 그 무렵 나리꽃은 피어나기 직전이었다. 지인은 나리꽃 몇 그루를 아파트 화단에 심었다. 일주일쯤 지나자 하얀 나리꽃이 피어났다. 화단에서도 나리꽃이 피어났다. 그러자 아파트에 향기가 진동했다. 형용할 수 없는 아름답고 기분 좋게 하는 향기에 취해 아파트 사람들은 화단 앞에서 나리꽃을 배경으로 사진을 찍기도 하였다.

지극히 사소한 일이지만 하얀 나리꽃으로 인해 지인의 아파트 사람들이 꽃의 아름다움과 향기로움에 행복할 수 있었음에 감사드린다고 한다.

자연을 그리워하며, 자연을 아끼며

모 방송국의 「나는 자연인이다」 프로그램 속의 자연인은 한국 남성들의 로망이라고 한다. 그래서인지 한국인의 가장 선호하는 텔레비전 프로그램 1위의 시청률을 기록하고 있다. 이 프로그램이 인기있는 것은 도시 메커니즘, 또는 문명사회에 대한 환멸을 느끼는 사람들이 찾아가는 곳이 자연이기 때문이다. 프로그램의 제목이나 내용에서 보듯 산중이나 섬이라는 장소가 도시문명과는 일정한 거리를 둔 자연이라는 공간이다.

도시 메커니즘은 자본주의 시스템 속에서 유지되어가고 있다. 이곳에서는 자본을 향한 욕망과 그것을 추구하는 질서가 있다. 사람을 하나의 도구, 또는 기계 속 하나의 부품 정도로 인식하고 있다. 그렇기 때문에 일사분란하게 자본문명이 지속되려면 인간은 기계의 부품처럼 제자리에서 옴짝달

싹하지 못한다. 이러한 조직사회에서 '나'다움을 갖지 못하는데서 오는 불만은 스트레스로 나타난다.

어렵게 대기업에 들어갔다가 1~2년 사이에 적응하지 못하거나 '나'라는 존재성을 찾기 어려운 젊은이들이 퇴사하는 숫자가 갈수록 늘고 있다한다. 아침에 출근했다가 하루 종일 일을 하고 퇴근하는 반복되는 삶의 패턴에 환멸을 느낀 사람들이 '나'다움을 찾기 위해 자연을 찾아간다.

뿐만 아니라 서로 관계를 맺고 살아가는 도시에서 인간에게 상처를 입고 아픈 마음을 추스르기 위해 찾아가는 곳도 자연이며, 병든 마음과 육신의 안식처로 선택하는 곳도 자연이다.

본래 만물의 영장이라고 하는 인간 또한 자연의 구성원이다. 산업혁명 이후 산업문명사회로 전환하면서 도시가 생겨나거나 팽창하였다. 그러다보니 자연을 물질적 가치로 인식하여 결과적으로 자연을 훼손하는데 그 폐해는 지구의 몰락을 부채질하고 있다. 이러한 인간의 탐욕은 지구를 감싸고 있는 오존층에 구멍을 내고 북극의 만년설을 녹여 태평양의 섬나라들이 물에 잠기고 있다 한다. 뿐만 아니라 인간의 탐욕으로 인해 '코로나19'가 출몰해 핵보다 더 위력이 강한 살상력으로 지구촌의 어느 한 나라도 빠짐없이 공격하여 죽음으로 몰아가고 있다.

그렇지만 자연은 탐욕스러움을 버리고 자연의 품에 안

기는 인간들을 따스하게 품어준다. 이전에 무슨 일을 했는지를 따지지 않고 심신이 지치고 죽음의 절벽에 섰던 사람들이 마지막으로 찾는 자연은 어머니 품 같은 것이어서 마치 돌아온 탕자를 반겨주는 아버지의 품처럼 따스하다.

생각해보면 도시에서 사는 일은 편리하다. 자동차가 있고, 마트에 가면 필요한 물건들이 산더미처럼 쌓여있다. 그러나 자연에서의 삶은 참으로 불편하다. 깊은 산중에서 오르락내리락할 때 오직 제 발로 걸어 다녀야 한다. 집에 전기도 들어오지 않아 냉장고는 물론 텔레비전도 없어 심심하다. 어디 그뿐인가. 연료를 구하기 위해 산중을 헤매야하고 밥을 해먹기 위해 장작을 패야하고 수도꼭지에서 따뜻한 물이 쏟아지는 문명세계와는 거리가 먼 말 그대로 자연인의 삶을 살아가야 한다.

나는 지난 한 해 참으로 지긋지긋한 삶을 살아냈다. 사람에게 상처를 입는데 익숙해졌지만 작년 만큼은 상처가 깊어 많은 것을 잃었다. 이 때 나를 위로해주고 희망을 준 것은 앞에서 말한 모 방송국의 「나는 자연인이다」라는 프로그램이다. 늘 마음이 불안하고 우울하여 살아가는 것에 대해 의미를 갖지 못할 때 이 프로그램은 나에게 위로와 희망을 전해주었다. 그래서 「나는 자연인이다」를 모든 회차를 시청하였다. 내가 그 프로그램 속의 주인공들에게서 위로를 받은 것은 '저런 사람들도 살아가고 있는데, 그래서 행복한 삶을 누리고 있는데, 나도 행복하게 살 수 있다'는 생각이 들었기 때문이다.

이른바 자연인들은 하나같이 원시적인 방법으로 살아가고 있다. 산에 올라가 약초를 캐고 버섯을 따고 산나물을 채취하여 먹거리를 마련한다. 손수 지은 집은 비록 도시의 집처럼 잘 지어진 것이 아니지만 직접 흙을 짓이겨 쌓아올린 오직 자연으로 지은 집이기에 건강한 집이다. 집 주변에 밭뙈기를 일구어 배추, 무, 상치, 시금치 등을 직접 일구어 절반은 산짐승들이 먹고 나머지만 먹는 삶은 실제로 버거울 것이다. 그런데 자연인들은 육체적으로는 힘들어도 마음이 편해 행복하다고 말한다. 특히 많은 사람들이 문명세계에서 살면서 지은 잘못을 진심으로 참회하며 비로소 인간답게 살아가며 진정한 자유를 찾았다고 한결같이 말하고 있다.

많은 사람들이 루소의 말처럼 '자연으로 돌아가라'는 말에 동의하는 것은 인간 역시 자연의 한 구성원이므로 자연과 더불어 살아가야 한다는 뜻일 것이다.

그러나 「나는 자연인이다」 프로그램을 시청하면서 한 가지 우려가 생겼다. 한결같이 산에서 약초를 캐고 버섯을 따고 감이나 머루, 다래를 따는 모습이 방영되곤 했는데, 이 프로그램이 많은 사람들을 자연인으로 만드는데 일조하여 무분별하게 자연을 훼손하는 일이 많아지면 어쩌나 하는 걱정을 해본다.

그럼에도 불구하고 자연은 인간을 겸손하게 하고 자연의 한 구성원이 되게 해주고 있다는 사실이다. 우리 인간들도 이에 부응하여 자연을 아끼고 보전하는데 노력을 해야함은 당연한 일이 아닐 수 없다.

광주문학의 문학관을 꿈꾸며

이른바 '광주문학관' 설립이 가시화되려는가. 광역시 규모에서 유일하게 문학관이 없는 '예향 광주'에 문학관이 드디어 설립이 되려는가 싶다. 광주문인협회와 광주 · 전남작가회가 힘을 모아 광주문학관 설립에 한 목소리를 내면서 광주문학관 설립이 가시화되는 듯해 문학인의 한 사람으로서 마음이 설레고 좋은 기회를 다시는 놓치지 말아야겠다는 생각이 든다.

문학관 건물을 짓는 일도 매우 중요하지만 그 안에 어떤 콘텐츠를 넣어 활용할 것인가가 초미의 관심사이다. 자칫 콘텐츠가 식상하거나 너무 평범하면 졸속을 면치 못하기 때문이다.

현재 광주문인협회에서는 문학관에 개별작가들을 기리는 콘텐츠를 주장하고 있으며, 광주 · 전남작가회에서는 오월문학을 중심으로 하여 광주문학관을 활용하자는 의견이 있다.

이 두 가지를 역점 콘텐츠로 하여 문학관의 특성을 살려 활용하는 일도 긍정적으로 생각해 볼 수 있다. 특히 오월문학을 중점적으로 문학관을 활용하는 일은 타지역 문학관과의 확실한 변별력을 갖게 된다. 이에 반해 광주가 배출한 문인들을 기리는 일 또한 광주문학의 문학사를 살펴볼 수 있다는 점에서 나름대로의 의미가 있다.

우리는 두 콘텐츠 중에서 특정 콘텐츠만을 채택하는 것을 경계해야 한다. '오월문학'과 '개별작가'들 모두 광주문학이기 때문이다.

그렇다면 기왕에 설립하는 문학관이라면 앞에서 밝힌 두 가지 콘텐츠 모두를 수용할 수 있다면 금상첨화겠다.

여기에 몇 가지를 보완했으면 한다. 우선 문학관은 자연이 있는 공간에 설립해야 한다. 시민들이 언제나 자연이 있는 문학관을 쉽게 찾아 문학을 향수할 수 있을 것이기 때문이다.

그리고 세미나, 시낭송, 시극공연, 시화전, 출판기념회를 할 수 있는 다목적 복합공간이 있다면 더없이 좋겠다.

더불어 광주미래산업의 한 축이 될 수 있는 영상매체 뒷받침을 위해 시나리오작가들을 양성할 수 있는 공간도 있었으면 한다. 기술적인 발전은 세계적인 수준이지만 빈한한 시나리오 때문에 보다 좋은 작품을 생산하지 못하고 있는 것이 큰 과제이기 때문이다.

뿐만 아니라 가능성이 있는 작가들을 입주시켜 광주뿐만 아니라 세계적인 작가를 배출하게 하는 것도 문학관이 할 일이다. 그리고 이효석 문학관처럼 지역이 배출한 훌륭한 작가의 작품을 세계에 알리고 지역민의 자긍심을 일깨우는 문학축제도 해볼 수 있는 문학관이 되었으면 한다.

자랑스러운 이름

언제부턴가 우리나라에 문학상, 다리, 건물, 길 등에 사람의 이름을 많이 붙이고 있다. ○○○문학상, ○○○대교, ○○○센터, ○○○길 등이 그것이다. 이 사람들의 공통점은 유명하다는 것이다. 상(賞)에는 문학뿐만 아니라 미술, 음악, 건축 등에서 큰 업적을 쌓은 사람들을 기리기 위해, 그 사람의 권위를 나타내기 위해 상을 제정해 시상하는 것이므로 누구나 타고 싶어 한다.

그런데 문제는 이러한 상이 너무 많다는 것이다. 더불어 생존해 있거나 대단한 업적을 쌓지 않은 사람들도 많다는 것이다. 언젠가 모 시인이 한국시인협회상을 수상하면서 했던 수상소감이 인상적이다. "누군가의 이름으로 받는 상이 아니라 우리나라 시인들을 대표해서 받는 상이라서 자랑스럽다."고 하였다. 모 시인이 이렇게 말한 배경에는 사람 이름이 붙은 상들 중에는 너무 수준 낮은 경우도 있거니와 훌륭한 업적을 쌓은 경우도 그것을 운영하는 문예지잡지사가 상을 빌미로 권력을 남용하고 있다는 것 때문이었을 것이다. 문예지를 25년째 발행하고 있는 분이 있다. 편집위원들이 문학상을 운영해보자고 했지만 자칫 문학상을 운영하면서 문학권력화 시킬까봐 이를 경계하여 그 흔한 문학상을 운영하지 않았다. 문학상을 시상하는 잡지사들이 상을 권력화시켜 수상자들 위에 군림하고 있으며, 수상자를 문학권력의 울타리로 사용하고 있는 것이 현실이다. 그러다보니 문학상 시상 후 많은 말들이 떠돈다.

이러한 현실에 문학상 하나 못 받은 사람은 수준 낮은 작가가 되고 만다. 상대적으로 문단에서 유명세를 타는 작가들은 여러 개의 문학상 수상 이력을 갖게 되는데, 이러한 현상에 대해 필자는 문학 수상자들을 곱게 바라보지 않는다. 유명 수상자들을 통해 문예지의 위상을 높이고자하는 잘못된 문예지 발행인과 주간들에게 감히 입바른 소리를 하곤 한다.

문학인은 좋은 작품을 생산하는 일이 가장 중요한 일이다. 문예지 또한 문학관리자로서 많은 작가들에게 좋은 발표지면을 제공하는 일이다. 문학상이 많아지고 거기에 따른 부작용이 생기는 것은 문예지를 권력화시키는 데 있다. 문학상을 수상하기 위해 작가들은 문예지를 발행하는 잡지사와 우호적이고 좋은 관계를 유지해야 한다. 팔은 안으로 굽는다는 말처럼 자신들에게 우호적인 사람들에게 상을 주기 때문이다. 이러한 것에 따른 폐해는 정말 좋은 작가를 놓치기 일쑤이고 많은 문학인들에게 외면당하기 쉽다.

그런데 문학상의 또 다른 폐해 하나는 아직 생존한 작가를 위해 문학상을 만들고 문학관을 만드는 일이다. 이는 주로 지자체에서 훌륭한 자기 고장의 예술가를 기리고자하는 순수한 마음이 있었더라도 작가 사후에 평가하여 상을 제정하고 문학관을 짓는 일이 일반적이고 당연한 일이다. 그런데 생존한 사람을 위해 상을 제정하고 문학관을 짓는 경우는 대부분 지자체에서 예술가를 상품화시키고자하는 발상이 대부분이기 때문에 독자들로부터 공정한 대접을 받지 못해 여러 가지 불만의 목소리가 많은 것이 사실이다.

문제는 문학뿐만 아니라 다른 장르에서도 여러 가지 문제를 야기하고 있다. 문학상처럼 상을 남발하거나 예술가를 상품화시키겠다는 지자체의 의도가 개입된 경우가 많다.

다리, 건물, 길 등에도 유명인의 이름을 무분별하게 붙이다가 주민들과 마찰을 일으키는 경우도 다반사다.

지자체의 무분별하게 유명인 이름을 남용하는 것도 문제이다. 아직 새파랗게 활동하고 있는 젊은 체육인의 이름을 빌어 체육관 이름을 짓는 경우도 있고, 심지어는 트로트 가수로 연예계에 진출한지 1년도 안된 14세 소년의 이름을 앞장세워 길의 이름을 지은 경우도 있다. 참으로 해도해도 너무한다는 생각이다. 우리 속담에 '호랑이는 죽어서 가죽을 남기고 사람은 죽어서 이름을 남긴다'고 한다. 여기에서 '이름'은 모두가 공감하고 자랑스러운 이름이 되어야 한다. 가령 '이순신대교'는 우리 국민들이 모두 자랑스러워하는 이름이다. 그런데 '압해대교'를 '김대중대교'라고 이름을 붙였다가 한 번 소동이 인 적이 있다. 물론 김대중 전 대통령은 우리나라 현대사에서 민주주의를 위해 희생한 걸출한 인물이다. 그럼에도 불구하고 쉽게 '김대중대교'라고 다리 이름을 붙이려 했던 행정당국은 너무 성급했다는 생각이 든다. 누군가를 평가하려면 최소한 사후 50년은 지나야한다고 한다.

그런데 이제 갓 연예계에 나온 소년의 이름을 따서 '○○○길'이라고 한 것은 명백한 상업적 전략이다. 14세의 소년이 자랑스럽기는 하지만 이제부터 노래인생이 시작될 터인데 성급하게 길에 소년의 이름을 붙인다는 것은 세계사에서 찾아보기 힘든 일이 아닐 수 없다.

이름은 자신의 존재를 규명하고 정체성을 밝히는 소중한 가치이다. 그러므로 부모님이 지어주신 이름을 함부로 내굴릴 수 없어 옛 사람들은 호를 사용하고 이름을 아꼈다.

사람이 죽어 묘 앞에 세운 이름 석 자는 자신이 살아온 수십 년의 시간과 행적이 켜켜이 쌓여있다. 그러므로 어떤 이념도 개입해서는 안 된다. 오늘도 우리는 명함에 자신의 존재를 드러내며 살고 있는데, 자랑스러운가? 그렇지 못한가? 묻고 싶다.

‘살아있는 시’

‘살아있는 시’라는 말이 있다. 그럼 ‘죽은 시’도 있다는 말인가. 이 질문에 대한 대답은 간명하다. 시정신을 지키며 살아간다는 뜻이다. 시는 인간의 정신세계를 감정을 통해 드러내는 장르이다. 시는 자연을 포함한 이 세상 모든 사물을 통해 인간의 정신세계를 비유적으로 말한다. 궁극에는 인간다움을 드러내는 것이 시(詩)이다. 인간다움이란 휴머니즘을 말함이니 인간과 자연에 대한 사랑을 말하는 것이 시의 본질이다. 다른 식으로 말하자면 인간의 존재방식에 대해 고민하고 자연과 인간이 상생하고자 하는 것이 시의 효용성이라고 말할 수 있다. 그렇다면 습작을 통해 시인이 되어 훌륭한 시를 쓰는 일은 중요하다. 훌륭한 시는 뛰어난 상상력을 바탕으로 쓰여진다. 뛰어난 상상력은 언제나 새로운 것이며 여기에는 인간의 삶에 대한 성찰과 통찰을 담은 ‘발견’이 내

재해야 한다. 이렇듯 훌륭한 시를 쓰는 것으로 시인의 역할이 끝나는 것이 아니다. 물론 시는 결핍을 노래하는 것이지만, 그것을 극복하려는 의지를 드러내야 한다. 시인은 자신이 쓴 시처럼 살아갈 때 비로소 시인의 역할을 다하는 것이다. 그럼으로써 시의 완성에 이르는 것이다. 이것을 '살아있는 시'라고 할 것이리라.

그럼에도 불구하고 유명세를 타는 많은 시인들이 시처럼 살아가지 않고 있다. 좋은 시를 쓰는 데에는 몰두하지만, 시처럼 살아가려고 하지 않는다. 그럼 우리 앞에 남는 질문은 '왜 시를 쓰는가?'이다. 어떤 시인은 시처럼 살지 못해 깊은 산 속의 절에 들어갔다. 또 어떤 시인은 시를 버리고 살아간다. 얼마 전 몇몇 시인들이 성추행, 또는 성폭력 사건으로 시단이 발칵 뒤집히기도 하였다. 누구보다도 도덕적으로 깨끗해야 할 시인들이 시정잡배들처럼 살아가고 있는 현실에 '살아있는 시'를 쓰고 실천하는 일은 매우 중요한 일이다.

시는 감정을 통해 시인의 정신세계를 드러낸다. 그러므로 감정을 표현하는 일은 매우 신중해야 한다. 감정을 통해 시인의 인격과 성품을 들여다 볼 수 있는 것에서 시 또한 종교와 같은 기능을 지녔다고 볼 수 있다. 그렇다고 시가 도덕성과 윤리성을 표면에 드러내어서는 안 된다. 시와 종교가 바라보는 지점은 같지만 그러나 말하는 방식은 달라야 한다. 종교는 직설적 화법으로 메시지를 전달하지만 시는 내용과

형식에 있어서, 앞에서 말했듯이 비유를 통해 메시지를 전달하는 언어예술이다.

시는 종교처럼 인간의 위의를 지키고 인간다움을 실천하도록 하는 하나의 도구이다. 시의 본질을 모르는 사람들은 시가 어떤 심오함을 탐구하고 잘 이해가 안 되는 화법으로 말하는 언어유희 정도로 생각하는 사람들도 많다.

우리의 옛 선조들이 대나무의 곧음과 비움을, 겨울 눈 속에서 아름다운 향기를 내뿜으며 꽃을 피우는 매화를, 화려하지는 않지만 그윽한 향기와 기품을 가진 난초를, 그리고 세상 모든 꽃들이 서리 내리는 늦가을에서야 꽃을 피우는 국화를 즐겨 그리고 노래한 것은 그것들이 지닌 생태적 특징을 닮고자 했기 때문이다. 신라 적에 들어온 장미가 아름답다고 하나 우리 선조들은 단 한 편의 시도 남기지 않은 것을 생각해보아야 한다. 외형적인 아름다움보다도 내적 기품을 지닌 사군자를 비롯한 자연을 가까이 한 것은, 인간다움을 실천하기 위해서였을 것이다. 이러한 시정신이 '살아있는 시'에 농축되어 있다고 할 수 있다.

그러나 나는 아직 '살아있는 시'를 쓰지 못한다. 나뿐만 아니라 많은 시인들이 '살아있는 시'를 쓰지 못하는 것이다. 그렇다고 무슨 큰 죄를 짓고 살아간다는 뜻이 아니다. 소소한 일상에서 마주치는 정서적 사건들을 시로 쓰고자 했을 뿐 진정한 성찰과 통찰을 하지 못한 경우가 허다하기 때문이다.

시를 쓰면서 그러한 일상을 괴로워하며 다시는 그러지 않겠다고 후회하면서 또다시 일상에 매몰되는 삶을 살아가고 있다. 이를테면 습관성 성찰의 매너리즘에 빠져서 시를 쓰고 시인행세를 하는 것이다.

오늘 지구촌은 지금껏 한 번도 겪어보지 못한 코로나19라는 눈에 보이지 않는 전염병에 1년 가까이 두려움에 떨며 지쳐가고 있다. 경제는 박살나고 사람들은 언제 끝날지도 모르는 코로나19 사태에 그저 막막하고 불안한 시간을 보내고 있다. 우리의 현실을 좌지우지하는 정치인들은 당리당략에 의해 분열되고 반정부적인 종교인들은 코로나19에 대응하지 않고 교회를 탄압하고 있다 말한다. 더불어 의료인들은 자신들의 주장을 관철시키기 위해 이 엄중한 시대에 파업을 하고 있다. 물론 나름대로의 이유가 있지만 이른바 '살아있는 시' 정신으로 이 어려운 시절을 지혜롭게 건너가기를 소망한다.

이선미 에세이집

유토피아를 꿈꾸며

2021년 3월 30일 인쇄
2021년 4월 10일 발행

지은이 | 이 선 미
펴낸이 | 강 경 호
인쇄 · 기획 | 도서출판 시와사람
등록 | 1994년 6월 10일 제 05-01-0155호
주소 | 광주시 동구 양림로119번길 21-1(학동)
전화 | (062)224-5319
팩스 | (062)225-5319
E-mail | jcapoet@hanmail.net

ISBN978-89-5665-597-0 03810

값 10,000원

· 잘못된 책은 바꾸어 드립니다.

공급처 ■ 한국출판협동조합
경기도 파주시 탄현면 오금리 202번지
주문전화 (02)716-5616, 070-7119-1740